영주 문예대학

YEONGJU

■ 2015 vol.4 ■

— 스토리텔링 선집

EONGJU

영주 문예대학

— 스토리텔링 선집

2015
vol.4

영주문예대학 동인회

영주문예대학 동인지 4집 스토리텔링 선집에 부쳐

안문현
영주문예대학 동인회 회장

영주문예대학에서 공부하고 글을 쓰며 동인지 4집이 잉태된 지난여름은 무덥고 길었습니다. 강수량이 평년의 반도 안 된 탓에 텅 빈 저수지를 보니 1970년대 이전의 보릿고개 기억이 아련히 떠오릅니다.

우리들 내면에 잠재된 문학에 대한 열정과 꿈들을 모아 『영주문예대학』 4집이라는 결실을 맺었습니다. 그동안 졸업생과 재학생들은 서로의 용기를 북돋우며 마음속 생각을 지면에 풀었습니다. 우리 영주문예대학 동문들은 모두 재능 있는 사람들이라 개강하고 8년 동안 많은 등단 문인을 배출했습니다. 그리고 동인회를 꾸려 지역의 문학 발전에 보태었습니다.

『영주문예대학』 4집은 스토리텔링 선집으로 엮게 되었습니다. 우리 주위 일들과 마음속에 산재한 이야기들을 엮어 지역 문화의 새 지평을 여는 데 보탬이 되고자 기획했습니다. 교수님들께서는 시와 수필과 소설을 강의하면서 일찍부터 스토리텔링 기법을 지도해주셨습니다. 그 결과 영주시에서 전국적으로 16편을 모집하는 스토리텔링 공모에 우리 영주문예대학 동문들이 쓴 글 9편이 당선되었습니다.

요새 들어 갑자기 떠오르는 스토리텔링은 사실 우리나라에 오래전부터 있어왔던 것입니다. 여름철 저녁 마당 한쪽에서 젖은 풀을 베어 덮어 풋풋한 풋내 나는 모깃불을 피워놓고 밤하늘 쏟아지는 별빛을 바라보며 들었던 할머니 이야기 하나하나가 요즈음 말하는 스토리텔링이었습니다. 겨울이면 호롱불 밑에서 화롯불에 묻어 구운 구수한 감자를 먹으며 듣던 할아버지와 할머니의 이야기가 성인이 되어도 우리의 의식 속에 녹아 있습니다.

이제는 우리가 듣고, 상상하는 이야기를 세련되게 다듬어 후손들에게 전해주어야겠습니다. 그리고 그 수많은 이야기를 실생활에 활용하거나 상업화, 즉 콘텐츠화하여야겠습니다.

특히 영주에는 이야깃거리가 지천으로 널렸습니다. 소백산 자락에 자리한 이곳은 옛날 삼국이 각축하던 국경지대였고, 안향 선생이 주자학을 들여온 곳이자 최초의 소수서원이 설립된 선비의 고장입니다. 또한 정축지변이 일어나고 대한독립단이 결성된 충의 역사를 지닌 고장이기도 합니다. 따라서 골골이 수많은 전설이 흐르고 있습니다.

이제 『영주문예대학』 4집 스토리텔링 선집을 계기로 전국의 많은 이야기를 발굴하고 글로 써서 실생활에 응용하고 발전시켜야 할 것입니다. 글을 쓰는 일은 새로운 세상을 꾸며 나가는 것입니다. 마음속으로만 생각하고 지나가면 잊어버릴 일들을 써놓으면 보석처럼 빛나는 글이 됩니다.

열하를 다녀온 연암 박지원이 235년 전 쓴 책, 『열하일기』를 읽은 기억이 납니다. 이질적 대상인 새로운 풍광과 문물을 세밀히 관찰한 그 책을 읽으면서 옛사람의 감동을 느낄 수 있었습니다. 지금 우리가 쓴 글도 200년 후에 단 한 사람이라도 공감하는 사람이 있었으면 좋겠다는 생각을 해 봅니다. 우리 영주문예대학에서 공부한 동인들의 귀중한 글 한 편 한 편이 모여서 찬란한 빛을 발할 날이 올 것을 믿습니다.

꽃샘바람이 불던 3월 초부터 찬 바람 불어 낙엽 떨어지는 지금까지 늘 열정과 정성으로 지도해 주신 시인 박영교 선생님과 소설가 김범선 선생님, 그리고 영주문예대학의 모든 업무를 담당하는 김점순 선생님께 감사를 드리며 우리 모두의 정성으로 만들어진 『영주문예대학』 4집에 추억 속으로 흘러가는 2015년의 보람을 싣습니다.

· Contents

• Contents

표지 그림

이 섭 열

영주수채화연구회 대표, 봉화수채화동인 햇등뫼 지도고문,
경북수채화협회 회원, (사)한국미술협회 영주시지부 수채화분과위원장

초대작품

| 시조 |

영주 10

박 영 교

대사를 잊을 만큼
영주가 좋은 동네

기억나는 말 한 마디
푸른 하늘
푸른 땅

우로(雨露)는
자연스럽게
오다가도 그친다

한해(旱害) 수해(水害) 없는
십 승지 중 제일 승지

축복받은 사람들만
마음 놓고 사는 동네

남향인
마음만 닮은
따사로운 이웃들

▣ 박영교

중앙대학교 사범대학, 고려대학교 교육대학원(석사) 졸업. 시 3회 추천 완료(김요섭 추천), 『현대시학』 3회 추천 완료(이영도 추천) 등단. 중앙시조대상(신인부문), 제1회 경상북도문학상, 한국시조시학상, 민족시가 대상, 한국크리스천문학상 본상, 추강시조문학상, 대한민국 옥조근정 훈장 외 다수 수상. (사)세계문인협회 고문. 시집 『사랑이 슬픔에게』『겨울 허수아비』『우리의 인연들이 잠들고 있을 즈음』『춤』, 시조집 『가을 寓話』『숯을 굽는 마음』『창(槍)』『징』 외 다수, 평론집 『문학과 양심의 소리』『시와 독자 사이』『시조 작법과 시적 내용의 모호성』 kyo4301@hanmail.net

詩

황사

김 점 순

나뭇가지마다
살아 있는 언어들이
웃음 피어 간드러지고

솔가지 청청한 숨소리 더불어
순수한 화신의 고운 미소
유혹하여 설레는데

서풍이 몰고 온 불청객 덩달아
옷깃 헤집고 거친 호흡으로
어린 소녀의 가슴을
아리도록 추행한다

노란 눈물이 뚝뚝
침묵의 낙화는 바람결에
성스러운 어머니를 노래하며
기다림을 잉태하고 있다

■ 김점순

월간 『문학세계』, 『문예사조』, 『크리스천문학』 등단. 문학세계문학상 본상, 문화예술공로상, 허난설헌문학상 금상, 세계문학상 시 부문 대상 수상. 경북문인협회, 영주문인협회, 죽계구곡문학회, 경북여성문학회 회원. 시집 『아침에 눈을 뜨면』 『우리의 삶이 캄캄한 밤일지라도』

| 시조 |

아들딸들에게

김복희

어머니를 보면서 살아온 일생 뒤에
너희들 또한 이 어미 뒤따라오는 숨소리 듣다
조용한
텃밭 가꾸듯 진종일 숨죽이며 살라

하루를 살려거든 집안일들 조심하고
조심한 발자국 소리 내 귀에 들리지 않게
죽령길
그늘 내리듯 조심조심 걷거라

지난 일 생각하면서 화를 내지 말 것이며
하루가 남다르게 커가는 손주들을 보면서
옹기전
반짝이는 햇살 하루하루 그렇게 살자

■ 김복희

경북 영주 출생. 영주여고 졸업. 월간 『문학세계』 수필 부문, 『문예사조』·『예술세계』 시조 부문 등단. 죽계백일장 산문부 장원, 대통령배 독후감쓰기 우수상, 〈연예일보〉 문화예술대상 우수상, (사)세계문인협회 문화예술공로상 수상. 영주문인협회 수필분과 위원장. 한국문인협회, 한국수필문학회 회원. 수필집 『장밋빛 인생』, 공저 『디딤돌』 『한국을 빛낸 문인들』 boknee01@hanmail.net

詩

부석사

난송 **장하숙**

천년의 숨소리
아직도 들리는 듯

문명 저만치 두고
홀로 앉고 있는 산사에는

오가는 신도들의
한 세월만 서성이네.

괴로움과 아픔이
낙엽처럼 쌓인 이 곳
내 삶은
산사의 범종 소리
하늘 길을 재촉하네.

▣ **장하숙**

『문예사조』 등단. 자랑스런 풍기인상, 문학세계문학상 본상, 문예사조문학 · 문예사조시인 대상, 경북여성문학회 공로상, 국민훈장 동백장 수상. 경상북도 여성문학회 · 죽계구곡문학회 회장, 풍기인삼축제 위원장. 경상북도 도의원 역임. 시집 『소백산 철쭉』 『푸른 하늘 그리며』 『노을에 서서』 『유년의 달빛』, 시선집 『사람과 자연 그리고 시 속으로』

동백꽃

문 정 심

다홍빛 치마 뒤집어쓰고

눈밭에 낙화했네

참으로 고와

바람이 건드려 보았네

막다른 겨울 골목에

아쉬움과 엉겨

눈 속에 묻혔네

꽃잎 져 누워도

치마끈 풀지 않은 순정

동백꽃밖에 없네

▣ 문정심

서울 출생. 국어국문학과 졸업. 월간 『문학세계』, 계간 『한국크리스천문학』 등단. 한국동서문학 수필 부문 당선. 한국크리스천문학 회원. 영주YMCA 한글 강사 역임. munalice@hanmail.net

詩

추석 기다림

김 석 진

추석 전날 기차역에 가 보았다
아무도 오지 않고 가지 않았다
추석 다음 날 기차역에 가 보았다
아무도 가지 않고 오지도 않았다
어떻게 왔느냐고 묻지도 않았다
그냥 돌아서기 싫었다
추석날인데 빈손으로
모든 것 다 가슴에 품어도 거두어들여도
채워지지 않았다
시냇물 소리 연못 고향의 강
도솔봉 비로봉 국망봉 고향의 산
잘 익은 가을의 들판까지
시내를 몇 바퀴 돌아도
허기지긴 매한가지였다
차라리 내가 떠나자
기다림 만남 모두 가지고

▣ 김석진

안동교육대학교, 계명대학교 교육대학원 졸업. 『교육평론』, 월간 『문학세계』 등단. 문학사랑 작품상 수상. 풍기초등학교 교장 역임. 영주문예대학 제5기 수료. 저서 『그대 그리움의 강』

| 시조 |

첫사랑 2
— 어머니

김 학 준

무던히도 오래오래 부르던 그 귀한 이름
눈 속에 담아 놓고 거울에 비춰 보면
뒤에서 훔쳐만 보는 가슴 한 켠 아리다

작별인사 한마디 없이 사라진 매정함 뒤에
언제 또 만나게 될까 그리움 사무치면
손톱 끝 봉숭아 들인 물로 첫눈을 기다린다.

▣ 김학준

『시조세계』 시조 부문, 월간 『문학세계』 시 부문 등단. 한국문인협회, 시조세계 시인회 회원. 동양대학교 홍보팀장. 학교법인 금배학원(여강중 · 고등학교) 이사. 금계학원(금계중학교) 감사. 한국대학홍보협의회 감사.

스토리텔링 특집

| 스토리텔링 |

순흥 연리지 송

가옥연

역사의 고향 영주시 순흥면에는 새롭게 단장한 한옥 양식의 면사무소가 있다. 선비의 마을답게 원통형 기둥에 원목 서까래를 올렸다. 그리고 그 위에 6만 장의 전통 기아를 올려놓아 마치 옛 관청을 재현한 듯 웅장한 위용을 자랑한다.

옛 순흥 도호부 관아 터이다. 그곳에는 고풍스럽고 오래된 아름다운 나무들이 있다. 그중에 관청 입구에서 방문객을 반기는 300년이 넘은 소나무가 있다.

굵은 두 나무줄기가 서로 부둥켜안듯 한 몸이 되어 하늘 높이 솟았고 잔가지를 아래로 축축 늘어뜨린 모양새가 범상하다. 경상북도 기념물 159호 연리지 송이다.

연리지(連理枝)는 '사랑 나무' 로도 불린다. 부모와 자식 간의 사랑, 친구와의 우정과 남녀 간의 열렬한 애정 등을 상징한다. 그러니 연리지라 불러보는 것만으로도 사랑의 기운이 바람결에 휘날리는 것 같다.

그리고 대체로 연리지란 두 나무가 합쳐진 것을 말한다. 그런데 순흥 연리지 송은 한 나무에 두 줄기가 갈라졌다가 만나 하나가 둘이고 둘이 하나된 모양새로 감아 돌고 있어 보는 것만으로 진한 사랑을 떠올린다.

발걸음을 높이 뛰어 성큼성큼 나무 밑으로 쏙 들어가 보았다. 그리고 위를 우러러보면 마치 타임머신을 타고 과거로 들어가는 듯하다. 신비한 기운을 타고 하늘 높이 솟아오르는 착각을 일으킨다. 절로 감탄을 자아낸다.

그리고 아름답고 진한 감동의 사랑 이야기가 하늘에서 쏟아져 내려온다.

억겁의 세월을 통하여 전해지는 전설을 만난다는 설렘이 눈앞에 팔랑거리며 내려와 잎새에 머무는 순간을 보는 것이다. 옆에 있는 그대가 괜스레 좋아진다.

때는 순조 5년, 어린 왕을 둘러싸고 세도정치가 극에 달했다. 정치가 그 모양이니 국가 재정의 근본을 이루는 삼정(전정(田政), 군정(軍政), 환정(還政))이 문란했다. 그리고 탐관오리의 수탈이 심하여 사회가 피폐했다. 민생은 도탄에 빠졌으며 전국에서 혼란이 끊임없이 일어났다.

그 혼란한 시대에 영주 문수면 수도리에 김 진사와 이 진사가 돈독한 우정을 쌓으며 이웃하고 살았다. 그들은 동갑내기였다. 그리고 함께 동문수학한 사이여서 교분이 유달리 두터웠다. 비슷한 시기에 가정을 가졌고 김 진사는 4대 독자 여준을 두었고 이 진사는 무남독녀 연화를 낳았다. 양가 왕래가 잦아지자 여준과 연화는 자연스럽게 서로 좋아하는 사이가 되었다. 어릴 적부터 둘은 부모들의 우정만큼 서로를 챙기고 양보하였다. 그리고 가는 곳마다 서로 졸졸 따라다니며 싸우는 법이 없었다. 부모들은 기특히 여겨 훗날 혼기가 차면 사돈 맺기를 약조하였다.

어느덧, 여준과 연화는 탈 없이 성장하여 혼기를 맞이했다. 둘의 사랑은 변함없었고 양가에서는 혼례 준비를 서둘러야 했다.

그런데 청천에 날벼락이 떨어졌다. 강직한 이 진사가 격변하는 정치의 혼란 속에 억울한 누명을 쓰게 된 것이다.

수렴청정하던 정순왕후는 반대파를 없애기 위한 구실로 천주교를 사교(邪敎)로 간주하고 탄압을 시작했다. 이때 많은 천주교인이 희생되었고 그 중에는 선량하고 종교와 관계없는 사람들도 있었다. 이 진사도 그중 한 사람이었다. 갑작스럽게 들이닥쳐 이루어진 일이라 아는 지인들이 그를 구명할 여유와 진위를 따지기도 전에 반란의 주동자로 몰려 참형을 당하고 말았다. 순식간의 일이었다. 이 진사의 집안은 풍비박산이 났고 연화는 졸지에 천민으로 강등되어 관아에서 잡일을 하는 관비로 끌려가고 말았다.

이 소식을 접한 여준은 연화를 수소문하였으나 어디로 끌려갔는지 알 수 없었다. 그때 여준은 과거를 준비하기 위해 학문에만 열중하는 반가의 도령이어서 혼자 연화를 찾는 것에는 한계가 있었다. 그렇다고 쉽게 연화를 잊을 수가 없었다.

그래서 아버지께 그녀의 행방을 찾아 구명하여 줄 것을 간청하였다. 하지만 김 진사는 쉽게 나설 수가 없었다. 가문을 지키기 위해서는 이 진사의 가족들을 부인해야 했다. 어쩔 수 없는 상황에서 연화를 외면할 수밖에 없는 것이었다.

"안타깝지만 내가 그 어떤 방도를 쓸 수가 없구나. 그러니 연화는 잊어라. 아니 이 진사와의 지난 인연은 입 밖에도 끄집어내면 안 된다. 아무것도 하지 말고 잠자코 있으란 말이다. 그리고 너는 4대 독자임을 명심해라. 그러니 하루라도 빨리 연화를 떨쳐 버리고 다른 처자를 맞을 준비를 해야 한다."

"아버님과 이 진사 어른은 수년 동안 우정을 쌓아온 친구 아니신가요? 그리고 연화는 어릴 적부터 소인과 혼례를 약조하였으니 이미 혼인한 사이나 마찬가지입니다. 그런데 어떻게 모른 척할 수가 있겠습니까! 그건 선비의 도리가 아닙니다."

"내 그것을 모르는 바는 아니다. 하지만 그 일로 인하여 가문이 온전하지 못하면 우정이니 사랑이니 무슨 의미가 있겠느냐. 선비의 도리가 다 무슨 소용이 있겠는가 말이다. 가문을 지키는 것이 우선인 거야! 어쩔 수 없는 일이다. 그러니 이 아비 말을 따라라."

"하지만 소인은 그렇게 할 수가 없습니다. 공자는 '군자는 의리에 밝고 소인은 이익에 밝다' 고 하였습니다. 세속적 이익을 배제하고 인간의 성품에 근원 한 '의리(義)' 를 지키는 것이 선비의 도리라 가르쳐 주시지 않으셨습니까? 또한, 곤경에 빠진 사람을 돕는 것이 인간의 도리거늘 하물며 저와 정혼을 약속한 연화를…. 소인은 어려운 처지에 처한 연화를 모르는 척할 수가 없습니다. 또한, 도리를 저버리는 가문은 소인에게 아무 의미가 없습니다."

"천하에 고얀 놈 같으니라고! 네가 화를 자초하는구나."

여준의 말에 김 진사는 몹시 화를 내며 부모 말에 따르라 명령했다. 하지만 여준은 아버지 말을 따를 수 없었다. 그리고 연화를 찾기 위해 가족의 만류에도 불구하고 집을 나섰다. 그리고 우여곡절 수소문 끝에 연화가 순흥 도호부에 관비로 있다는 것을 알고 그곳으로 향했다.

한편 곱게 자란 연화는 부지불식간 끌려와 노비의 일을 감당하려니 고생이 이만저만 아니었다. 하지만 넋 놓고 현실을 거부할 수 없었다. 의연하게 자신의 처지를 받아들여 주어진 일들을 감당하였다. 부모를 잃은 애통함과 노비로 살아가야 하는 설움과 더불어 목숨을 부지하기도 힘들었지만, 행여 여준을 단 한 번만이라도 볼 수 있다면 여한이 없다는 바람으로 하루하루를 근근이 지탱하고 있는 것이었다.

그래서 여준에 대한 그리움으로 밤마다 눈물로 지새웠다. 그리고 낮이면 강도 높은 노동을 몸을 사리지 않고 최선을 다하였다. 그런 그녀를 주변 사람들은 인정하고 칭찬이 자자했다.

드디어 여준이 관아에서 조금 떨어진 냇가 버드나무 아래에서 아낙네들과 빨래하는 연화를 보았다. 연화의 큰 눈에서 금방이라도 눈물이 쏟아질 것 같은 표정의 그녀와 마주한 것이다. 여준이 반가움에 달려 가까이 가려 하자 그녀는 무언의 표정으로 그의 다가옴을 거부했다. 그 모습을 지켜본 여준은 안타까웠다. 그리고 연화가 왜 외면하려 하는지 재빨리 눈치를 채고 그냥 서고 말았다. 하지만 어떻게 하든 힘든 그녀를 지켜주고 싶었다.

유교 사회에서 여준이 관비가 된 연화에게 다가가기란 쉽지 않았다. 반가의 신분으로 천민이 된 연화를 동등한 처지의 남녀로 만날 수도 어찌할 수도 없었다. 고심 끝에 여준은 주변에 신분을 숨긴 채 스스로 천민이 되었다. 그리고 연화를 만났다.

"연화 낭자. 얼마나 고생이 많소. 내 그대를 한시도 잊을 수가 없어 이렇게라도 하지 않으면…. 변장하고 찾아왔소. 아니, 내 그대를 위해서라면 평생 이렇게 살아도 상관이 없소이다."

"아, 도련님!"

연화는 그토록 그리워하던 그를 보자 가슴이 먹먹하고 눈물이 한없이 쏟아졌다. 서럽고 반가워 말도 잘 나오지 않았다. 그리고 가슴이 벅차 몹시 떨렸다. 하지만 정신을 차려야 했다.

"낭자, 우리 이대로 그냥 같이 삽시다. 혼례의 형식이 다 뭐가 필요하겠소. 저기 보이는 소백산이 우리 산이고 하늘이 우리 지붕이며 온 천지가 우리 마당 아니겠소. 비 피할 조그마한 공간에 그대만 있다면 내 아무것도 바라지 않소."

여준은 너무나 반갑고 그녀가 안타까워 보자마자 청혼을 했다. 하지만 연화는 그의 청을 받아들일 수가 없었다. 눈물겹도록 반갑고 그의 사랑이 고마웠으나 자신의 처지와 여준의 앞날을 생각하면 안 되는 일이었다.

"도련님! 그건 아니죠. 그러면 안 되는 일입니다. 현실적으로 있을 수 없는 일인 것입니다. 그리고 이제 서로 만나 생사를 확인했으니 그만 집으로 돌아가세요. 소녀는 도련님을 한번 뵈었으니 만족합니다. 이제는 지난 사연들 모두 잊고 저의 길을 가겠습니다. 그러니 제발 돌아가세요."

"연화 낭자! 우리는 이미 오래전에 혼인을 약속하였소. 하루 이틀 된 사이가 아니란 말이오. 하늘이 두 조각난다 해도 우리의 인연을 끊을 수는 없을 게요."

"하지만 어떻게 지금 이 처지로 나리와 제가 맺어질 수가 있겠어요. 그리고 제가 도련님을 받아들인다면 도련님을 곤궁에 빠뜨리는 나쁜 년이 되는 것이지요. 그리고 도련님은 자신이 지켜야 할 가족과 가문이 있습니다. 제발 소녀 때문에 험한 꼴 당하시기 전에 돌아가셔야 합니다. 어떻게 이런 저를…. 그럴 수는 없습니다."

"아니오, 그대가 어떤 처지에 있든 나에게는 상관없는 일이오. 그대가 노비고 내가 양반인 것이 어떻게 우리의 사랑을 변하게 만든단 말이오. 말도 안 되는 이야기요. 그대는 나를 그렇게 냉큼 잊을 수 있단 말이오. 나는 절대 그대를 잊을 수 없소. 그리고 우리는 이미 어릴 적부터 혼인을 약조하지 않았소! 잊었단 말이오? 그대는 벌써 내 안에서 나와 함께 있는데 어떻게 떨쳐내란 말이오. 나보고 죽으란 말이오?"

여준의 사랑은 너무나 절절했다. 연화를 절대 포기하지 않았다. 그는 스스로 미천한 일을 하며 그녀 주변을 맴돌았다. 그리고 적극적으로 연화가 일하는 관아에서 많은 나무를 관리하고 청소도 했다. 특히 뒤뜰의 연못에 물고기를 길렀으며 연꽃과 수련도 심었다. 관아 뜰과 봉도 각 주변에 나무와 꽃을 심고 정성스레 가꾸어 아름답게 만들었다.

그가 유독 정원을 가꾸는 것은 연화가 어릴 적부터 꽃과 나무를 좋아하기 때문이었다. 그러자 관아 주변이 깨끗하고 아름다워졌다. 관원들과 주변 사람들은 그의 성실함을 칭송하였고 정원을 보며 즐기며 좋아하였다.

그렇게 여준은 그녀 곁을 떠날 줄을 몰랐다. 계절이 바뀌고 시간이 지나가도 여준의 연화에 대한 연정은 식기는커녕 더욱 커져만 갔다. 지속하는 여준의 지극한 정성에 연화도 마음을 움직였다. 결국, 둘은 주변의 맘씨 좋은 이웃들의 도움으로 정화수 떠놓고 혼례를 올렸다. 비록 비천한 생활과 환경이었으나 그들은 너무나 행복했다. 그리고 얼마 후 연화는 사내아이를 낳았고 주변의 부러움을 살만큼 금실이 좋았다.

하지만 얄궂은 운명은 그들의 사랑을 질투하여 또 다른 시련과 어둠의 그림자를 드리우게 하였다. 연화의 아름다운 자태에 반한 행실이 나쁜 하급관원이 있었다. 그는 처자가 있는 몸인데도 불구하고 오래전부터 연화를 취하기 위해 틈만 나면 기회를 엿보고 있었다. 그런데 뜻밖에 여준이 나타나 연화와 혼례를 올리자 더욱 심술이 났다. 그리고 억지를 부리며 여준을 괴롭혔다.

하지만 그들은 누가 보아도 아름답게 어울리는 천생연분이었고 착하고 성실하여 주변의 어진 사람들이 은연중에 지켜주고 있었다. 그러니 그가 나쁜 짓을 시도할 기회를 잃곤 해 삐뚤어진 마음이 더욱 악해졌고 자신의 야심을 포기할 줄 몰랐다.

그날따라 온종일 눈이 많이 내려 세상이 온통 하얗게 된 겨울이었다. 나쁜 관원은 눈 때문에 마을 사람의 왕래가 드물자 하릴없이 연화의 집 주위를 어슬렁거렸다.

그리고 우연히 여준과 연화의 대화를 듣다가 여준이 반가의 도령이라는 것을 알게 되었다. 그리고 곧바로 달려가 관아에 고발하고 말았다. 그런 다음 여준이 문초를 받는 사이 노심초사하는 연화의 집으로 다시 찾아와 겁탈하려 하였다. 아무 대책 없이 갑작스럽게 들이닥친 그를 연화는 격렬하게 반항했다.

그리고 정조를 지키기 위해 아기를 품에 안고 죽어라 도망을 쳤다. 추운 겨울 날씨에도 아랑곳하지 않고 마을을 지나 죽계천을 따라 소백산 숲으로 있는 힘을 다하여 도망을 친 것이다. 그러자 나쁜 관원은 추위에 더 이상 그녀를 쫓아갈 수 없었다.

연화는 순식간에 당한 일이어서 아이만 포대기에 싸고 자신은 제대로 갖춰 입지 못하고 뛰쳐나왔기 때문에 얼음 같은 날씨에 어찌할 바를 몰랐다. 밤이 되자 그녀는 안전을 확인하고 집으로 가려 했으나 너무 멀리 나온 처지라 동네까지 다다르기는 무리였다.

온몸이 꽁꽁 얼어버려 정신이 아득해져 왔다. 하지만 연화는 아이만은 살려야 한다는 일념으로 죽을힘을 다하여 여준이 잡혀 있는 관아 근처까지 왔지만 미처 안으로 들어가지 못했다. 문이 닫혀 있어 들어갈 수가 없었던 것이다.

겨우 발자국을 떼서 소나무 아래로 들어와 자신의 모든 온기를 모아 아이를 감싸 안았다. 하지만 더는 견디지 못하고 미미한 소리로 여준을 부르며 그만 나무 아래에서 아이를 부둥켜안고 목숨을 잃었다.

한편 연화가 관아로 향하는 길에 여준은 이미 관아에서 문초를 받고 나온 시간이었다. 집에 와보니 연화와 아이가 없어 당황했다. 그녀가 밤중에 갈 만한 곳이 아무 데도 없음을 잘 알았지만, 그냥 집에서 기다릴 수가 없었다. 아픈 몸을 이끌고 연화를 찾기 위해 밖으로 나왔다. 운명은 나쁜 관원처럼 심술을 부려 서로 엇갈리게 한 것이다.

여준은 태형으로 상처가 아물지 않은 상태로 추운 겨울밤 그들을 애타게 찾아 헤매었다. 찾다가 지쳐 행여 하다가 관아 쪽으로 발길을 돌렸다.

그런데 그가 정성스레 가꾸어 오던 뜰 앞 소나무 밑에서 아이의 울음소리가 들렸다. 곧장 나무 밑으로 다가가니 연화가 아이를 안은 채 죽어 있었다.

여준은 기가 막혔다. 가슴을 치고 통곡하며 연화를 불렀으나 연화는 끝내 대답하지 못했다. 여준도 아이를 생각하니 정신을 차려야 했다. 하지만 그도 지치고 몸은 꽁꽁 얼어 한 발자국도 움직일 수 없었다. 여준도 아이를 살리려 품에 안고 자신의 모든 온기를 쏟았다. 그리고 날이 밝기만 기다렸다. 시간이 갈수록 추위에 정신이 가물거리며 가슴속에 품은 연화의 얼굴이 희미해지고 있었다. 결국, 여준도 연화처럼 그만 얼어 죽고 말았다. 안타까운 일이었다.

그때가 겨울 중에 가장 추운 날이었고 눈도 많이 내려 여준이 아이를 품에 안았다고 하지만 혹독한 추위는 견딜 수가 없었는데 소나무 잔가지가 아래로 내려와 눈을 맞지 않도록 보호하여 아기만은 기적같이 살아남았다고 한다.

혹자는 여준이 연화의 뒤를 따르기 위해 스스로 죽었다는 설이 있지마는 엄동설한에 밖에서 살 수 있는 사람은 아마 없을 것이다.

이 사실을 뒤늦게 안 김 진사는 자신의 잘못된 생각으로 이런 불행을 초래하게 되었음을 통탄하였다. 그리고 아이를 거두어 그들의 염원을 담아 훌륭하게 키워냈다. 그리고 나쁜 관원은 이 모든 사실을 알게 된 주변 사람들이 행하는 침묵의 질타를 견디지 못하여 괴로워 시름시름 앓다가 한 계절을 넘기지 못하고 죽었다고 한다.

소나무는 보통 300년 이상 되어야 잔가지가 아래로 내린다. 그런데 그 사건이 있던 날, 백 년도 안 된 나무의 잔가지가 하루아침에 갑자기 아래로 내리뻗는 기이한 일이 일어난 것이다. 아이를 살리기 위해서 죽은 그들의 영혼이 힘을 발휘해서 소나무 가지를 움직였다고 회자하기도 하고 소나무가 영험하여 그들 사랑의 결실을 지켜주기 위해 그렇게 되었다고도 이야기하고 있다.

또한, 원래 그 소나무는 양 갈래로 줄기가 반대로 뻗쳐 있었다. 그런데 그들이 죽자 나무줄기가 묘하게 서로 합쳐졌다. 마치 그들의 진한 그리움과 사랑이 나무에 스며들듯 서로 으스러지라 부둥켜안고 겹겹이 품은 자세로 하늘로 향해 자라는 것이다.

그래서 그들의 사연을 아는 많은 사람은 이승에서 못다 한 여준과 연화의 사랑과 영혼이 소나무에 옮기어 들어 기이한 현상이 생겼고 신비한 기운을 내뿜고 있다고 믿었다. 또한, 그들의 헌신적이며 아름다운 사랑을 널리 전하며 칭송하였다.

그리고 지금까지도 하늘에서 그들의 숭고한 사랑을 기리어 소나무를 통하여 영험한 기운을 발휘하도록 한다는 전설이 전해진다. 여준과 연화가 이 세상에서 못다 한 사랑을 나누어 주기 때문에 미혼남녀가 둘이 손잡고 나무를 만지거나 나무 밑에 들어서면 사랑이 순조롭게 이루어지고, 부부가 들어서면 금실이 좋아지고 백년해로한다고 전해 내려오고 있는 것이다. 또한, 이 나무는 사랑과 부부의 정이 깊어 이성지합(二姓之合)의 으뜸이 되었으며 일심동체로 비유되어 금실송이라고도 불리고 있다. 그리고 사람들은 그 기운을 받고자 나무를 찾고 있다.

옛 도호부 관아의 모습을 상상할 수 있는 순흥 면사무소 뜰에 신령한 자태로 한곳에 머물러 그 신비한 기운을 전하는 연리지 송은 이기적인 사랑에 익숙한 각박한 우리의 마음을 따뜻하게 한다. 그리고 그 옆 봉도각 뜰은 여준이 심고 가꾸어 온 오래된 나무들, 아름다운 정원과 연못이 그대로 보존되어 있어 마치 하늘의 세상을 보여주는 것 같다. 그곳에서도 그들의 아름다운 사랑의 흔적을 만날 수 있다. 여준과 연화가 만든 연리지의 한 시진(時辰) 가슴에 절절히 스며들어 오는 것이다.

▣ 가옥연

이탈리아 대사관 근무. 벤처기업 고객지원 부장. 고양미술협회 서양화 회원. 영주문예대학 제7기 수료.

| 스토리텔링 |

남대궐(南大闕)

강 문 희

산과 들은 신록으로 푸르렀지만 무언가 모를 깊은 비애를 안고 있었다. 피바람이 휩쓸고 간 이 땅의 산천과 초목은 숨을 죽이며 여름을 보내고 있었다. 태조 대왕께서 조선을 세우신 지 이제 50여 년이 흘렀건만, 얼마나 많은 붉은 피가 역사의 자락을 붉게 물들였는가. 뜻이 있는 자는 붓을 꺾었고, 무장은 칼을 버렸다. 계유년의 핏자국이 채 마르지도 않았는데, 광풍처럼 휩쓸고 간 피바람에 산천은 두려움에 떨고 있었다.

단종의 어가가 마을에 들어선 것은 작년 여름이었다. 말이 어가이지, 소가 끄는 수레에 병졸 수십 명이 호종하는 초라한 행차였다. 평복을 한 어린 단종은 실성한 사람처럼 하염없이 눈물만 흘리고 있었다. 사육신의 단종복위 거사가 실패하고 노산군으로 강봉된 단종은 천 리 밖 부처의 형에 처해졌다. 그 천 리를 채우기 위하여 영월로 바로 가지 못하고, 이곳 남대리로 어가가 들어서고 있었다. 놀란 동민들이 뛰어나와 수레를 붙잡고 통곡을 했다. 물을 떠가지고 오는 사람, 개다리소반에 밥을 차려오는 사람들을 병졸들도 적극적으로 제지하지 않았다. 어가는 마흘천 가에 머물렀다.

이 선비가 어가가 있는 곳으로 갔을 때는, 상왕과 병졸들이 동민들이 가지고 온 음식으로 요기를 하고 있었다. 이 선비는 수레로 가서 상왕께 큰절을 올렸다. 아무 말 없이 두 번 절했지만 눈물이 앞을 가려왔다.

"전하……." 이 선비는 말을 잇지 못했다.

"신의 불충이 죽음에 이르렀나이다. 죽음을 각오하고 전하를 구하겠나이다.”

고개를 들지 못하고 있는 이 선비 곁으로 군관 차림의 사내가 다가왔다.

“아니, 이 군관!”

이 군관이라는 소리에 이 선비의 몸이 일순 굳어졌다. 고개를 드니 호종 책임자인 금부도사가 서 있었다.

“정 군관!”

두 사람은 서로 손을 굳게 잡은 채 말을 잇지 못했다.

“자네를 여기서 만나다니, 이게 몇 해 만인고? 신원이 회복되었는데 고향에 돌아가지 못하고 여기서 숨어 지냈군.”

놀란 것은 설희와 돌이뿐이 아니었다. 마을 사람들도 이 선비가 예사 사람이 아니란 것은 알았지만, 금부도사와 무과에 합격한 군관이었다는 사실에 더욱 놀랐다.

정 군관과는 무과에 합격한 15명 중 가장 친했던 동무였다. 정 군관은 의금부로 배속되었고, 이 선비는 함길도 종성부의 군관으로 배속되었다. 김종서 장군이 육진을 개척하여 변방의 정세가 안정이 되었지만, 아직도 행정력이 미치지 못하는 오지에서는 심심찮게 여진족의 밀무역과 노략질이 있었다. 탐욕에 눈이 먼 종성부사 이종학은 밀무역을 눈감아 주면서 뇌물을 챙기고 있었다. 그날도 상급자인 박 군관과 변방을 순시하던 중, 여진족이 부녀자를 겁탈한다는 급보를 받았다. 군졸을 이끌고 가서 여진의 병사를 참하고 도망치는 여진족을 쫓다 보니 국경을 넘게 되었다. 너무 깊이 들어간 나머지 교전 중에 박 군관은 전사하고 이 군관만 간신히 빠져나올 수 있었다. 박 군관은 죽으면서 어미 없이 키워 온 설희를 부탁했다.

종성부사 이종학은 이 군관을 군령 위반 및 살인죄로 하옥시키고 자신의 죄상이 밝혀질 것이 두려워 이 군관을 해칠 음모를 꾸미고 있었다. 그런 음모를 전갈받은 이 군관은 설희를 안고 종성부를 탈출하여 이곳 어래산 자락으로 숨어들었다.

어가를 둘러싸고 모여 있는 마을 사람들 속에 정 군관과 이 선비의 대화를 유심히 지켜보는 한 사내가 있었다.

단종은 마흘천 가에서 잠시 쉬다가 다시 어가를 돌려 영월로 향했다. 마을은 다시 고요해졌지만, 동구 밖까지 따라가 눈물로 어가를 떠나보낸 마을 사람들의 가슴속에는 상왕 단종에 대한 슬프고 애틋한 감정이 오래도록 남아 있었다.

형제봉 위에 걸려 있는 하현달이 처연한 모습으로 마을을 비쳐주고 있었다. 달빛 속에 잠든 마을은 고요하다. 어래산에서 불어오는 바람이 마을을 지나갈 때마다 댓잎 부딪치는 소리가 스산하게 들려왔다. 자리에 누웠으나 좀처럼 잠을 이룰 수 없었던 이 선비는 밖으로 나왔다.

마루에 앉아 마을을 내려다보았다. 건너편 마구령은 검은 구름으로 덮여 있고, 어슴푸레한 달빛을 따라 마흘천은 고요히 흘러가고 있었다. 무언가 곧 큰일이 닥칠 것 같은 위기가 감지되면서 잠을 이룰 수가 없었다.

그 위기의 정체가 무엇인지 골똘히 생각하던 이 선비는 생각의 끝이 어느 지점에 이르자 몸이 부르르 떨려왔다. 마구령을 덮고 있는 검은 구름처럼 거대한 검은 구름이 이곳의 산과 강으로 밀려오고 있다는 생각에 미치자 호흡이 정지되었다.

사육신의 단종 복위거사가 실패하고, 노산군으로 강봉된 상왕이 영월부의 청령포에 유폐되고, 금성대군이 순흥부에 위리안치 되었을 때, 이 선비는 한명회를 비롯한 수양대군 측의 음흉한 계략이 숨겨져 있다는 생각을 떨쳐버릴 수 없었다.

순흥부에서 재 하나만 넘으면 상왕이 있는 영월이 아닌가. 이 선비는 방으로 들어가 장롱 깊숙이 감추어두었던 검을 꺼내어왔다. 검 집에서 천천히 검을 빼어들자 어슴푸레한 달빛 아래서도 검은 푸른빛을 발하고 있었다. 이 선비가 종성부를 빠져나오면서 가지고 온 유일한 물품이다. 곧 무슨 일이 일어날 것 같은 까닭 모를 위기가 감지되면서, 어쩌면 머지않아 이 칼을 쓸 날이 올 것 같은 생각에 오래도록 검을 내려다보며 깊은 상념에 잠겼다.

얼마 전부터 마을에는 이상한 소문이 은밀히 돌았다. 새벽녘에 고치령을 넘어 영월 쪽으로 말을 달려가는 무사를 보았다는 사람들도 있고, 마흘천가에서 검은 옷을 입은 수상한 사람들이 은밀히 만나는 것을 보았다는 사람도 있었다. 이 선비는 요 며칠 연이어 일어났던 일이 자꾸 마음에 걸렸다. 무언가 큰 일이 임박했을 것 같은 긴장감에 종일 일이 손에 잡히지 않았다.

어젯밤 늦게 의풍에서 돌아오는 길에 생방터 근처를 지나다가 어둠 속에서 사람의 기척이 감지되었다. 이 선비는 집히는 곳이 있어 인기척이 났던 마흘천 가로 천천히 걸어갔다. 물 흐르는 소리만 들릴 뿐 사방은 고요했다. 오감을 집중하여 살펴보니 바위 뒤에서 사람의 기미가 느껴졌다. 이 선비가 나직이 말했다.

"야심한 시간에 누구요?"

잠시 정적이 흐르다 바위 뒤에서 검은 그림자 두 개가 일어섰다.

"우리는 약초꾼들인데 거래 때문에 만나고 있소이다."

어둠 속이었지만 이 선비는 그들의 형체를 일별했다. 몸놀림이나 말투에서 느껴지는 기가 약초꾼이 아니었다.

"지나가는 길에 사람의 기척이 나서 와 보았을 뿐이오."

"길에서 여기까지는 적은 거리가 아닌데 어찌 알았소?"

"사람이 나이를 먹으면 눈은 어두워져도 귀는 밝아지는 법이오, 그럼 볼일들 보시오."

이 선비는 말을 마치고 천천히 개울을 따라 올라왔다. 걸어오면서도 검은 그림자들이 뒤를 밟고 있다는 것을 느낄 수 있었다. 이 선비는 걸음을 멈추었다.

"왜 뒤를 밟는 거요." 하고 물었다.

"예사 분이 아닌 것 같은데 신분을 좀 알아야겠소."

그들은 칠흑 같은 어둠 속에서 은밀히 주고받는 이야기를 감지할 수 있는 사람이라면, 무예의 고수가 아니면 불가능하다고 판단했다. 홍별초의 규칙상 달이 없는 그믐 무렵에만 조우하도록 되어 있었다. 그들은 마구령 깊은 골짜기에서 비밀리에 조련을 받고 있는 결사대의 홍별초 무사들이었다.

"우리들이 나누는 얘기를 들었소?"

"들었다면, 들었다고 얘기할 것 같소?"

두 사람이 검을 빼어 들었다.

"나하고 싸우자는 거요?"

이 선비가 지팡이를 잡으며 말했다.

"정체를 좀 알아야겠소."

두 사람이 공격 자세를 취했다. 이 선비는 무심한 듯 그들의 검 세를 살펴보았다. 빈틈이 많은 자세였다. 이 선비는 잡고 있는 지팡이의 손잡이에 지그시 힘을 주었다. 이어 바람을 가르며 두 개의 검이 포물선을 그으며 이 선비를 덮쳐왔다. 이 선비는 그대로 서 있다가, 검 끝이 얼굴 가까이 왔을 때 낮은 기합과 함께 몸을 낮추며 지팡이로 한 사람의 손목을 내리쳤다. 동시에 왼발로 다른 한 사람의 겨드랑이를 가격했다. 극히 짧은 순간이었지만, 두 사람의 낮은 비명과 함께 검이 땅에 떨어졌다.

"아니, 이 검식은 훈련원 검식이 아닙니까?"

약초꾼들이 놀라서 말했다.

"약초꾼들이 어찌 훈련원 검식을 다 아시오? 자, 그만합시다. 노형들의 검 세에 살기가 없는데 싸움이 되겠소? 난 못 본 것으로 할 것이니 약초 거래나 잘 하고 가시오."

말을 마친 이 선비는 빠른 걸음으로 개울을 건너왔다. 자리에 누웠으나 좀처럼 잠을 이룰 수 없었다.

도호부사 이보흠이 변복을 하고 이 선비를 찾아 온 것은 마흘천에서의 사건이 있은 뒤 며칠 후, 야심한 시각이었다. 수인사가 끝나고 밤이 깊도록 시국에 관한 견해를 나누다가 이보흠은 새벽에야 돌아갔다. 부사 이보흠이 다시 이 선비를 찾은 것은 이틀 뒤였다.

이보흠은 도호부로 돌아가 급 파발을 한양으로 보내 이 선비에 대한 전력을 조사해 오게 했다. 결과는 예상 밖으로 컸다. 김종서 장군의 막하 군관으로 변경을 누비던 강직한 용장이었다. 종사관으로부터 보고를 받은 이보흠은 고개를 끄덕였다. 며칠 전 이 선비와 밤을 새우며 나누었던 대화를 생각하며 입을 굳게 물었다.

'음, 큰 인물이야 상왕구출의 결사대장으로 적임자야!'

그날 밤 이보흠은 변복을 하고 다시 이 선비를 찾았다. 부사 이보흠은 이 선비의 방으로 들어서자마자 이 선비에게 큰절을 올렸다. 지금은 비록 종3품 도호부사의 외직으로 밀려났지만, 그도 김종서 장군과 함께 문종의 고명대신이 아닌가.

"이 군관, 나도 김종서 장군을 존경하는 사람이오, 우리 대의에 동참해 주시오. 상왕 전하의 안위를 책임져주시오."

서로 손을 잡은 두 사람은 한참이나 말이 없었지만 두 사람의 눈에서는 굵은 눈물이 흘러내리고 있었다.

깊어가는 가을 햇살을 받으며 마흘천은 무심히 흘러가고 있었다. 마흘천을 붉게 물들이던 어래산의 단풍도 어느덧 져가고 있었다. 어래산의 가을은 갈대와 함께 깊어간다. 찬 서리가 치고 삭풍이 불어오면 산기슭을 덮고 있는 갈대는 바람이 불 때마다 천군만마가 달리는 것처럼 일렁인다. 평상에 앉아 설희와 돌이의 검술 연습을 지켜보며, 이 선비는 긴박하게 돌아가는 사태를 정리해보고자 애썼다.

그날 밤 이 부사는 무릎을 꿇고 대의에 동참해 달라고 간곡히 말했다. 대군을 비롯한 인근의 수령 방백들과 뜻있는 선비들이 역사의 물줄기를 돌리기 위하여 일어설 준비를 하고 있다고 했다. 거사일이 결정되어 파발이 오면, 결사대 정병 20명을 이끌고 청령포로 가서 상왕 전하를 구출하는 대업을 맡아 달라고 했다.

마구령은 검은 구름으로 덮여 있었다. 터질 것 같은 긴장으로 가득 찬 하루가 또 지나가고 있었다. 상왕이 청령포에 유폐되었을 때부터, 이 선비는 수양대군 일파가 상왕을 해할 것으로 확신했다. 혼자서라도 상왕을 구출하여 이곳 마구령 깊은 곳에 모시고자 했다. 어제 부사 이보흠이 보낸 부장이 거사일을 알려왔다. 가슴이 요동치면서 뜨거운 불기둥이 전신을 뜨겁게 했다. 피가 마르는 하루가 지나가고 있었다.

금성대군의 단종 복위 거사 모의가 관노의 고변으로 발각되어 순흥부가 쑥대밭이 되었다는 비보가 마을에 전해진 것은 가을이 끝나가는 무렵이었다. 순흥부에 갔다 온 사람들의 전언에 의하면, 온 부중이 불에 타고 청다리 밑에서는 연일 참형이 집행되어 죽계천이 핏물로 가득하다고 참상을 전했다.

이 선비는 전신에 힘이 빠지면서 땅에 주저앉고 말았다. 피가 마르는 하루하루가 지나가고 있었다. 종일 안절부절못하고 평상에 앉아 마구령을 바라보았다. 또 한 차례의 피바람이 이 땅을 붉게 적신다는 생각에 전신이 떨려왔다. 무엇보다 상왕의 안위가 염려되었다. 저들이, 쳐놓은 흉계 속에 걸려든 상왕을 그냥 두려 하겠는가?

벌써 여러 날이 지나갔다는 생각에 미치자 마음이 조급해졌다. 오랫동안 망연히 마구령을 바라보고 있던 이 선비는 결심한 듯 자리에서 일어났다. 검술연습을 하고 있는 설희와 돌이를 불렀다.

"내 오늘 밤 너희들에게 긴히 할 얘기가 있으니, 돌이는 우리 집으로 오너라."

"예, 나으리."

작년 어가 행렬이 온 뒤부터 이 선비에 대한 마을 사람들의 호칭도 어른에서 나으리로 바뀌었다. 밤이 되어서 돌이가 건너왔다. 희미한 호롱불 아래 세 사람이 앉았다. 창호지 틈으로 바람이 들어올 때마다 바람벽의 그림자가 잠시 흔들리다 멈출 뿐, 방안에는 긴 침묵이 흘렀다. 한참만에야 이 선비가 입을 열었다.

"오늘 내가 너희들을 부른 것은 이제 너희들과 이별할 시간이 되었기 때문이다."

설희와 돌이는 놀라 눈을 크게 뜨고 이 선비를 바라봤다.

"저들의 흉계가 필경 영월의 상왕께까지 미칠 것이다. 난 조선의 무인으로서 마지막 임무를 마치고자 한다."

이 선비의 어조는 비장했다.

"아버님…."

설희가 나직이 신음하듯 외쳤다. 돌이도 울먹이며 "나으리…." 부르며 어깨를 들썩였다.

"설희도 이제 성년이 되었으니 내가 보살피지 않더라도 제 몸 하나는 건사할 수 있지 않느냐, 신원이 회복되었으니 고향으로 돌아가거라."

설희는 흐느끼고 있었다.

"그리고 돌이야, 내가 없더라도 설희를 잘 부탁한다. 너희들에게 육례는 못 갖춰주더라도 짝을 지어주어야 내 할 일을 다 하는데, 시절이 그렇지가 못하구나."

설희와 돌이는 엎드려 울고 있었다.

"울지 마라, 사람들은 다 가야 할 길이 다르지 않느냐? 나는 상왕 전하를 구하러 청령포로 갈 것이다. 뒷일을 너희들에게 부탁하고 떠나자니 마음이 아프다만, 어찌 사사로운 정에 얽매여 대의를 그르칠 수 있겠느냐? 시간이 없다. 나는 이 새벽에 떠나갈 것이야."

이 선비가 말을 마치자, 설희와 돌이는 흐느끼며 이 선비 앞에 꿇어앉았다.

"나으리! 저희들도 나으리의 뜻을 따르겠니더."

"안 된다, 나 혼자서도 충분하다. 어찌 장래가 천만리 같은 너희들의 전도를 그르칠 수 있겠느냐."

이 선비의 어조는 단호했다. 어느덧 새벽이 되어 첫닭 우는 소리가 들려왔다. 결국 내려진 결론은 상왕 구출은 셋이서 함께하되, 이 선비가 단독으로 청령포의 유배지를 지키는 병졸들을 제압하고 상왕을 구출하고 사정이 여의치 못하면 설희와 돌이가 나서기로 약조했다.

그날 저녁 삼거리 국밥집에 세 명이 모였다. 아무래도 강계댁이 마음에 걸렸다. 어떻게 이곳까지 흘러들어 왔는지는 모르지만, 정이 가는 인상에 행동 또한 조신해서 국밥집을 하기에는 어울리지 않는 여인이었다. 필시 무슨 곡절이 있는 듯하지만 수년을 국밥집에 들러도 이 선비는 일체 대화를 하지 않았다. 사람의 정이 말을 하지 않는다고 모르겠는가? 자신의 처지를 생각하며 그저 가슴에 묻어두고 있었다. 이제 어쩌면 마지막 길이 될지도 모르는데 눈인사라도 하고 떠나가고 싶었다.

강계댁은 그런 이 선비가 늘 어려웠다.

이곳 삼거리에서 국밥집을 연 지가 10년이 넘었지만, 이 선비는 가끔씩 들러도 적은 말수에 가을바람처럼 스쳐가는 쓸쓸한 모습이 때로는 가슴을 흔들기도 했지만, 언제나 멀리 있는 사람이었다. 심상치 않은 이 선비의 표정에서 무언가 중대한 일이 있을 것 같은 생각이 들었지만 묻지는 않았다. 물은들 대답할 분인가?

이른 저녁을 먹고 세 사람은 국밥집을 나왔다. 강계댁이 어래산 자락까지 따라나왔다.

"나으리…."

나직이 불렀지만 가슴이 떨려왔다.

"강계댁, 시절이 좋았으면 내 강계댁과 한 세월 잘 살고 싶었는데, 더 늦기 전에 좋은 사람 만나서 잘 사시오."

이 선비가 촉촉이 젖은 목소리로 말했다.

"나으리…."

강계댁은 수건으로 눈물을 닦고 있었다.

"부디 몸조심 하셔서 다녀 오이소, 이건 약소하지만…."

이 선비에게 강계댁이 전대를 내밀었다.

세 사람은 빠른 걸음으로 마을을 빠져나왔다. 일행이 영월의 청령포에 도착한 것은 다음 날 저녁 무렵이었다. 섬은 칠흑 같은 어둠에 싸여 외롭게 누워 있었다. 저 섬에서 어린 상왕이 두려움에 떨고 있을 생각을 하니 가슴이 뛰었다.

설희와 돌이를 청령포가 내려다보이는 숲속에 숨어 있게 했다. 날이 어두워지자 이 선비는 밝을 때 봐 두었던 나룻배 쪽으로 조심스레 다가갔다.

청령포는 외인의 출입이 금지된 금지가 아닌가. 인적이 끊어진 섬에는 두견새 소리만 고즈넉이 들려왔다. 단검을 꺼내어 밧줄을 끊고 배에 올라탔다. 조용히 물살을 가르며 배가 섬에 닿자, 이 선비는 얼굴에 복면을 하고 보자기에서 장검을 꺼내어 빼어 들었다. 배에서 내려 적소로 조심스레 다가갔다. 상왕이 기거하던 초가 가까이 접근했으나 적소는 이상하리만큼 고요했다. 횃불도 하나 없고 병졸도 눈에 띄지 않았다. 이상한 예감에 빠른 걸음으로 다가서니 사립문이 열어젖힌 채 기울어져 있었다.

방마다 문을 열어 보았으나 아무도 없었다. 극도로 고조되었던 긴장이 무너져 내리면서 전신의 힘이 죽 빠졌다. 벌써 무슨 사달이 벌어졌음이 틀림없었다. 겨우 몸을 추슬러 섬을 빠져나와 설희와 돌이가 기다리고 있는 곳으로 갔다. 이 선비는 봉놋방에서 순흥부의 참변이 전해진 며칠 뒤 한양에서 사약을 들고 온 금부도사에 의하여 상왕이 사사되었다는 소식을 들었다.

상왕 구출 시도가 실패하고 이 선비는 식음을 전폐한 체 두문불출하였다. 설희와 돌이가 간곡히 애원해도 문을 열어주지 않았다. 강계댁이 하루에 한 번씩 미음을 써와 불러보았으나 소용이 없었다. 찬 서리가 치고 마구령에서 내려오는 칼바람이 마을을 휩쓸고 지나간 뒤 어래산에 첫 눈이 내렸다.

이 선비가 자리에서 일어나 밖으로 나온 것은 어래산에 진달래가 흐드러지게 피는 봄이었다. 식음을 끊고 두문불출하면서, 조선의 무인답게 자신의 삶을 죽음으로 마감하고자 했다. 이 선비의 두문불출이 길어지자 설희와 돌이가 문밖에서 무릎을 꿇고 울면서 애원했다.

"아버님, 아버님께서 만약 잘못되시면 이 여식도 아버님의 뒤를 따르겠습니다."

설희가 흐느끼며 말했다.

"나으리, 이 돌이도 죽음으로써 나으리를 따르겠니더."

미음을 들고 왔던 강계댁도 애원했다.

"나으리…."

강계댁의 젖은 목소리가 이 선비의 폐부를 찔렀다. 자기 하나 죽는 것은 어렵지 않으나 저 어린 것들의 인생을 그르치게 할 수는 없었다.

방에서 나온 며칠 뒤 이 선비는 돌이에게 오늘 밤 동수나무 아래로 마을 사람들을 모이게 했다. 저녁이 되자 마을 사람들이 느티나무 아래로 모였다. 몇 달을 방 안에 있었던 사람답지 않게 얼굴은 수척했으나 목소리는 쩌렁쩌렁했다.

"여러분, 여기는 태소백이 만나는 천하의 명당입니다. 그리고 순흥부는 일찍이 회헌 선생께서 주자학을 심으신 조선유학의 발상지입니다. 유학의 근본인 의로써 사람의 도리를 밝히지 못한다면 어찌 부끄럽지 않다 할 수 있겠습니까."

이 선비는 혹여 나중에라도 동민들에게 가해질지도 모르는 위해를 생각하여 심중의 말을 다하지 못했다.

"더구나 여기는 어리신 상왕께서 천리를 와 몸과 마음을 쉬어가신 성스러운 곳이 아닙니까? 그래서 우리가 이곳에 한 칸 초옥이라도 지어 혼령을 위무해 드리는 것이, 선비의 고장에 살고 있는 우리들의 도리가 아닌가 싶습니다."

여기저기서 "옳소!" 하는 소리가 들리고 "우리 마을의 산신령으로 모시시더." 하는 소리도 들려왔다.

다음날부터 단종이 천 리를 와 쉬어갔던 자리에 「남대궐」 공사가 시작되었다. 간소하게나마 제물이 차려지고, 이 선비가 심중을 담아 쓴 고유문을 읽었다. 억울하게 죽은 상왕의 죽음과 금성대군을 비롯한 의롭게 죽어간 사람들의 뜻을 기리는 정을 담았다.

"유세차 정사 시월 신유 삭 초사흘…."

이 선비의 목소리는 떨렸고 감정이 격해 말이 자꾸 끊어졌다. 말이 대궐이지 사방 다섯 보의 한 칸 초옥이었다. 좌향은 상왕이 계시던 영월을 향하여 잡았다.

마을 사람들 20여 명이 모여 땅을 파고 기초석을 박았다. 소나무를 깎아 만든 기둥을 세우고 보를 걸 차례였다. 누구보다 강계댁이 신이 났다. 점심을 이고 와서 "오늘 점심은 돈 안 받고 드릴 테니 많이들 드세요." 했다.

다시는 못 볼 사람처럼 떠났던 이 선비가 돌아온 것만도 강계댁은 가슴이 설레었다. 10년 동안 한 마을에 살면서도 제대로 말 한 마디 변변히 한 적 없지만, 영월로 떠나면서 강계댁에게 한 말이 하루에도 몇 번씩 가슴을 뛰게 했다.

점심을 먹고 보를 걸면서 전직 목수였던 유씨가

"강계댁 보소, 명색이 대궐 공산데 노래 한 자락 없어서 쓰겠소, 한 자락 불러보소."

평소에는 종일 말 한 마디 없던 강계댁도

"좋소, 내, 일은 못 도와 드리니 노래라도 한 자락 하리다." 하며 이 선비를 건너 봤다.

이 선비가 가사를 붓으로 써서 건네주었다.

"지금 영월부의 민가에서 퍼지는 노래라네."

이 선비가 쓴 가사 종이를 설희가 강계댁에게 건넸다.

"천만리 머나먼 길에 고운 님 여의옵고, 내 마음 둘 데 없어 냇가에 앉았으니, 저 물도 내 안 같아야 울어 밤길 예놓다."

사람들이 환호하며 한 자리 더 하라고 채근했다. 한참이나 망설이던 이 선비가 다시 붓으로 가사를 써서 건넸다.

"지금 산 너머에서 퍼지는 노래라네."

"은행나무가 다시 살아나면 순흥이 회복되고 순흥이 회복되면 노산이 복위하네."

강계댁의 애조 띤 가락이 봄바람을 타고 어래산 자락으로 멀리멀리 퍼져 나갔다. 저녁 무렵에 초옥이 완성되었다. 이 선비는 소나무를 깎아서 만든 현판에 정성스레 "南大闕"이라 써서 보에 걸었다.

"자, 오늘부터 우리 마을을 대궐이 있으니 '남대궐' 이라 부릅시다."

마을 사람들이 박수를 치며 환호했다. 역사의 구비에 흘린 핏자국에 몸을 떨던 마흘천도 다시 잔설을 녹이며 굽이굽이 흘러가고 있었다. 어래산에도 가신 넋을 위로하듯 온 산에 핀 진달래가 마흘천을 핏빛으로 물들이고 있었다.

▣ 강문희

경북 영주 출생. 안동고등학교 졸업, 한국방송통신대학교 국문학과 수학. 월간 『문학세계』 시 부문, 수필 부문 등단. 영주문예대학 제5기 수료.

| 스토리텔링 |

유의(儒醫) 이석간(李碩幹)

김 덕 호

영천군(현 영주시)에 아흔아홉 칸 집을 짓는다는 소문이 파다했다. '청빈한 의원이 저렇게 큰 집을 지을 리는 없고 사람들은 부잣집에 터를 팔았나 보다' 라고 수군거렸다.

"미친나? 땟거리가 없어 굶어 디지는데 무슨 고대광실이야."

대장장이 김 씨가 말을 하자 "그러게, 길이나 좀 넓히지." 하고 석수장이 김씨가 말을 이어 받았다.

"왜놈들이 쳐들어 온다니더. 그런데 저런 집을 짓고 있으이. 임금이 미친 거 아이겨."

한마디씩 내뱉는 소리에 백성들의 원성이 들어 있었다.

조선 중기에 들어 당파싸움과 탐관오리의 횡행으로 국력이 약해진 데다 수년째 흉년과 돌림병으로 생활고는 극에 달했다.

한편 공사장 일자리에 사람들이 몰려들었다.

"이 의원이 혹시 무신 변괴가 생겼나?"

도목수 박종태가 말을 하자

"아이시더. 왕이 불러서 한양 갔다니더." 하고 포졸 정씨가 아는 체하고 말했다

"왜 갔다니겨?"

"이석간 선생이 용하이 안 불렀을리겨." 하고 목수와 공사현장을 지키는 포졸이 말을 주고받았다.

"이름은 들었소만 도대체 이석간이란 자가 누구요?"

광주에서 왔다는 지나가던 낯선 길손이 궁금해 하자 한 선비가 이석간에 대해 자랑스레 말을 받았다.

초당(草堂) 이석간(李碩幹, 1509~1574)은 세조가 준 벼슬을 버리고 영천으로 입향을 한, 공주 이씨 이진의 증손으로 뒤새라고 하는 두서(杜西)에 살고 있었다. 그는 초근목피로 목숨을 연명하지만 학문을 좋아하고 문재가 뛰어났다. 사서삼경뿐 아니라 의서에도 아주 밝았다. 가난한 선비인 그는, 병약한 자신을 위해 의서를 닥치는 대로 읽었다. 황제내경과 향약집성방을 비롯한 의서들을 모두 읽고 자신뿐 아니라 이웃 사람들의 병을 고치면서 명의가 되어 갔다. 이석간은 선비로서 의학의 길로 들어선 이른바 유의(儒醫)였다.

하루는 한양 북촌에 반가 사람들이 희귀병을 앓는 중년 여인을 가마에 태우고 천 리 길을 달려 석간을 찾아와 울며불며 애원을 했다. 여인의 병은 하초의 피부가 닭발의 껍질처럼 딱딱하게 굳어가는 병이었다. 전국에 용한 의원을 다 찾아보았으나 소용이 없고 원인조차 모른다는 것이었다. 석간은 측은히 여겼으나 의서에도 없는 병인지라 당장 처방을 내릴 수가 없었다. 며칠간 기도하는 마음으로 병력과 가족력을 세밀히 살피고 피부의 상태를 관찰했다. 발병 원인은 음욕을 억지로 참아서 생긴 청상의 과부 병이었다. 그는 경험으로 얻은 경혈에서 삼릉침과 미립대의 뜸으로 음독을 풀고, 독삼탕에 계족과 다른 약재를 가미한 처방으로 치료를 했더니 피부에 새살이 돋아나고 각질이 벗겨지면서 회복되었다. 그 결과 그는 신의(神醫)로 전국에 알려졌다.

어느 날 영천 관아에 어인이 찍힌 방 하나가 나붙었다. 명나라 11대 황제인 가정제 세종 주후총(1521~1567)의 모후인 기황태후의 병을 고칠 의원을 찾아 멀리 조선까지 사신을 보냈다는 것이다. 방을 보고 있던 농부차림의 남자가 빈정거렸다.

"대국의 어의들도 포기했다는 병을 이런 촌구석에서 누가 고친다꼬 저런 방을 부치노, 맨자구 같은 놈들!"

방을 보고 있던 구경꾼들이 같이 욕을 하며 빈정거리자 서책을 들고 있던 풍기 사람이 걱정스레 말했다.

"혹시 그 양반이라면…."

"누구 말이고?"

방을 보고 있던 친구가 묻자 "뒤새 이 의원 말이따, 그 양반 몬 고치는 병이 있나? 하지만 잘몬하면 그 양반 목 달아난데이. 그 양반 죽으면 우리가 아프면 누가 고쳐 주겠노."하고 휑하니 가버렸다.

석간은 방에는 관심이 없었다. 관아에서 찾아와 방의 내용을 전했으나, 그는 마이동풍이었다. 평소 교분이 두터운 아전이 석간을 찾아왔다.

"이 의원, 어떡하겠노? 조정이 난처하다던데. 지들 나라 어의도 몬 고치면서 왜 우리 조선한테 쪼우는지. 조선의 어의와 전국 유명 의원들이 모두 손을 들었다네. 명의라는 유의태도 안된다고 카더라."

"언제는 조선이 소국이라고 무시하더니만 이제 와서 급하니까 하는 짓 둥머리 좀 봐. 지금 역병이 돌 징조가 보인다네, 제민루에 몰려드는 환자들을 좀 보게. 아무리 대국에서 뭐라캐도 우리 백성이 우선일세. 난 죽어도 갈 생각이 없다카이."

석간이 단호하게 말했다.

"자네 생각이 백 번 옳으이. 크게 생각해보게. 자네마저 안 가면 조선 의술도 별 볼 일 없다 할 것이고 조정이 곤경에 빠질걸. 유의인 자네가 조선의 기개와 실력으로 우리 자존심을 세워 주게나."

김 이방이 우정으로 설득해도 석간의 마음을 돌리기가 쉽질 않았다.

그날 평소대로 석간은 뒤새에서 일과를 마치고 구성산성에 있는 제민루에 올라 가난한 병자들을 돌보았다. 그리고는 그 아래 정도전 생가인 삼판서댁을 내려다보며 나라가 몹쓸 병이 들어가고 있음을 개탄하였다. 며칠 전 소수서원에서 뜻있는 이들과 회합을 가진 이유도 그러했다. 그날 저녁 석간을 설득하려고 평소 호형호제로 지내던 이황이 향리에서 소식을 듣고 사람을 보내기까지 했다. 그러나 석간은 젊은 날 외숙부인 권벌로부터 배운 강직한 선비정신을 떠올리며 잠자리에 들었다.

다음날 석간은 요상한 꿈으로 밤새 뒤척였다. 새벽에 철탄산에 올랐다가 길섶에 이슬을 머금고 으름 덤불 속에서 고개를 내밀고 있는 잎이 여섯 장인 오가피가 보였다. 행운이 오려나 하고 기분 좋게 집으로 돌아왔다. 희귀

질환에 쓸 처방 하나를 오랜 고민 끝에 마무리할 때였다.

"이 의원, 안에 있소?"

하고 어명을 받으라는 말에 석간은 황망히 나와 머리를 조아렸다.

"이석간은 속히 어전으로 들라."

어명을 받들고 온 군수에 의하면 천하명의가 조선 영천에 있다는 발 없는 소문이 날개를 타고 명나라까지 전해졌다는 것이다. 그래서 황제가 조선 왕에게 이석간을 급히 보내달라고 했다. 작년 봄에 사례감 소속의 고려인 환관 엄호가 풍기인삼시장과 부석사를 방문하던 중, 복통으로 석간에게 응급진료를 받은 적이 있었다. 고려인 환관 엄호가 그 내용을 고하고 황제에게 천거했다는 것이다. 석간은 명나라로 떠날 채비를 하고 있었다.

"아부지, 지금 가시면 언제 오시니겨?"

장남 정견이 걱정스러운 얼굴로 쳐다보며 물었다.

"황제가 불렀으니 기약은 몬 하겠다만 빨리 올게, 어무이 잘 모시거라."

아들과 굳은 약속을 한, 그는 왕의 호위병과 함께 압록강을 건너 북경에 도착했다. 여러 날 걸쳐 힘들게 찾아간 천자의 황궁은 과연 천하를 호령할 만큼 웅장하고 화려했다.

편전에 들었으나 황제는 알은체하지도 않고 재주를 부리는 광대놀이에 빠져 있었다. 궁녀가 천도 모양의 술잔을 가지고 오자 갑자기 황제가 잔을 광대에게 던지며 버럭 화를 냈다. 그리고 무엇이 마음에 안 들었는지 광대의 등줄기를 손에 들고 있던 가죽 채찍으로 사정없이 매질을 했다. 광대의 등은 금방 붉게 물들었다. 모두들 겁에 질려 벌벌 떨었다. 석간도 겁에 질려 황제를 쳐다보지도 못하고 엎드렸다.

환관이 조선 유의의 도착을 재차 고하자 황제는 염소수염에 원숭이 같은 얼굴로 석간을 요렇게 내려다보며 이렇게 말했다.

"조선에서 온 그대는 못 고치는 병이 없다 들었다. 짐의 모후가 난치병으로 수년 동안 여러 나라 명의란 자들에게 다 보였으나 고치지 못하였다. 그래서 소국의 그대를 불렀노라. 짐의 목숨보다 귀한 분이니 최선을 다하라. 고쳐주면 무슨 소원이든 다 들어줄 것이나 못 고치면 참형에 처할 것이다."

하고 으름장을 놓았다.

황제의 말에 석간은 가슴이 조여 왔지만 주먹을 힘껏 쥐며 애써 태연자

약했다. 황제는 재위 동안 도교에 심취할 뿐 통치에는 관심이 없는 무능한 폭군이었다.

석간이 황제를 따라 호화별궁으로 갔다. 여러 문을 거쳐 모후가 와병 중인 곤령궁으로 안내되었다. 석간이 바라보니 그녀의 얼굴은 달덩이 같고 손이 부었는지 퉁퉁하고 백옥 같았다. 나이가 많은데도 얼굴은 천하일색이었다. 다만 눈꼬리가 치켜 올라가고 눈가가 푸른색을 띤 채 눈만 멀뚱멀뚱하고 있을 뿐 말문이 닫혔고 몸을 움직이기는커녕 눈꺼풀을 내리는 데도 힘이 드는 듯했다.

성질 급한 황제가 진료에 도움이 될 수년간의 병세를 설명하였다. 이불을 걷어 하초를 보이는데 피부가 거북 등껍질같이 딱딱하게 굳어 있었다. 모후의 손목을 두른 가느다란 명주실을 건네준 황제는 진맥을 하라고 했다. 그리고는 다짜고짜 소견을 물었다. 면전에서 진찰하지 않았는데 석간은 기가 막혀 말문을 열지 못했다.

며칠 말미를 얻은 석간은 짊어지고 온 의서들을 죄다 훑었으나 그런 병은 없었다. 그는 문을 닫아 잠그고 이젠 죽었구나 하고 자포자기했다. 영천에 있는 아내와 자식들이 생각났다. 미로 같은 낯선 황궁에서 도망칠 수도 없었다. 그런데 비몽사몽간에 한양 북촌이 보였다.

석간은 잠을 깬 후, 자신이 10년 전에 치료한 적이 있는 한양 북촌 환자를 기억해냈다. 증후가 비슷했다.

황제의 모후는 추존황제인 예종 주우원이 일찍 죽고 장기간 독수공방을 하는 동안 음기가 쌓여 독이 된 병으로 하초의 피부가 갈수록 무늬 돌처럼 굳어가고 있었던 것이다. 약 처방은 면전 진찰을 한 후에 내리자는 생각이 들었다. 환관 엄호가 편전에 들라 했다. 석간이 황제 앞에 섰다.

"석간은 들으라. 처방이 다 되었느냐?"

황제가 석간을 노려보며 말했다.

"폐하, 제대로 진찰도 못했는데 어찌 처방이 나오겠나이까?"

"이놈이! 진맥을 하지 않았느냐?"

황제가 대노하며 고함을 질렀다.

"그건 문전 예진일 뿐이고 면전 진찰이 의학 법도이옵니다." 석간이 아뢰자,

"소국의 의원 놈이 감히 황실의 법도를 어기고 황태후의 몸에 손을 대겠다고?"

난쟁이 황제가 펄펄뛰며 가죽 채찍으로 옥좌를 내리치며 소리쳤다. 마치 수염원숭이가 우리 속에서 미쳐 날뛰는 것 같았다.

"실과 면포를 이용한 간접 진찰로 어찌 정확한 처방을 바라겠나이까? 모후의 옥체가 귀하신 만큼 정확한 진단을 위해 밝은 데서 면전 진찰을 해야겠나이다."

석간은 직언을 했다. 영천에서 수만 리 길을 왔다. 그런데 황제가 하는 짓을 보니 제 어미 병을 고쳐 주고 싶은 생각이 없어졌다. 석간은 오기가 생겨 꼬장을 부렸다. 병을 고쳐줘도 살려 줄 것 같지도 않았다. 어차피 죽은 목숨이었다.

"황실을 능멸한 이놈!"

황제가 벌떡 일어서며 보검을 빼 들었다.

"내가 네놈 목을 직접 베리라." 하고 옥좌를 내려섰다. 석간은,

"그리 못 하시면 죽이든지 살리든지 맘대로 하소서. 그리 아니 하신다면 소신은 이만 물러가옵니다." 하고 벌떡 일어나 뒤도 돌아보지 않고 걸어 나갔다. 석간은 생각했다. 소국이라고 멸시하는 황제에게 조선 유의의 기개나 한번 보여주고 죽자는 생각이 들었다.

"폐하, 고정하시옵소서. 황태후를 살릴 수 있는 마지막 기회이옵니다. 모후가 중요하나이까, 법도가 중요하나이까. 보아하니 저자가 자신이 있으니까 배포를 내미는 게 아닐는지요?"

엄 환관이 다급히 황제에게 고하자 그는 잠시 생각을 했다. 그리고 석간에게 이렇게 말했다.

"네 놈이 석 달 안에 모후의 병을 고치라. 아니면 네놈의 몸뚱이를 산산조각낼 것이다." 하고 협박을 했다. 그리고 황제가 직접 석간을 이끌고 다시 모후에게 갔다. 먼저 몸의 형색을 관찰한 석간은 망진, 문진, 청진, 타진의 순서로 황태후의 몸을 자세히 진찰했다. 진단에 결정적인 단서를 찾아내려고 장시간 병력을 시시콜콜한 것까지 묻고 답을 얻어냈다. 양해를 구한 후 태후의 몸에 직접 손을 대면서 진찰을 해 나갔다.

석간은 천금보다 더 귀한 황태후를 이리 눕혔다 저리 젖혔다 하며 직접

하초를 두드리고 당기고 눌러보며 떡 주무르듯 했다. 손발톱, 관절상태도 확인했다. 귀를 대고 심장과 호흡소리를 들어보고 젖가슴과 배를 누르고 두드려보았다. 치아와 혀, 침과 가래, 그리고 소 · 대변을 살폈다.

처방은 북촌 여인에게 썼던 경험방에다 추가했다. 우선 장침과 뜸과 도인법으로 경락을 소통시켰다. 최고로 치는 조선의 풍기인삼을 군(君)으로 하고 음독을 푸는 약재를 넣어 직접 달였다.

황태후는 석간의 침과 약을 복용 후 독기가 빠져나가면서 기력을 차리고 피부가 회복되기 시작했다. 모후가 병이 나아지자 황제가 석간을 어전으로 불렀다. 유의 이석간의 선비정신과 조선의학이 국제적으로 진가를 발휘하는 순간이었다.

황제는 잠시나마 불신했던 점을 사과하고 그대는 화타, 편작과 겨룰 명의로다, 하며 극찬을 했다. 소원을 묻자 평소 청빈한 선비인, 석간은 거절을 하고 조선으로 돌아가겠다고 했다.

하지만 폭군 황제는 억지로 강권하여 여러 달을 궁에서 있게 하면서 석간을 어의로 두고자 갖은 계책을 꾸몄다. 그는 석간을 국빈 의전으로 대우하도록 명을 내렸다. 석간은 꽉 짜인 일정을 끝내고 환궁하면 밤늦도록 연회로 일기를 쓸 수 없을 정도로 분주했다. 그러다 보니 자유롭지 못하고 불편하여 부담스럽기까지 했다. 하지만 석간은 조선의 훗날을 위해 우호세력이 될 친조선 관리들과 교분을 두터이 하는 데 게을리하지 않았다.

석간은 시간이 갈수록 고향에 두고 온 아들이 눈에 밟혔다. 뒤새 집을 떠날 때 아들 정견이 "아부지 언제 오시니겨." 물으며 쳐다보던 까만 눈망울이 자꾸 떠올랐다. 그리고 뒤새에서 고생하고 있을 아내의 모습과 제민루에서 기다릴 환자들의 모습이 꿈속에 보이곤 하니 자책감마저 들었다.

북경에서 어렵게 구한 의서들과 진료에 필요한 도구들을 포장하고 귀국계획을 세우던 어느 날 아침이었다. 뜰에서 동쪽 하늘을 바라보고 당파싸움과 외세의 틈바구니에서 풍전등화와 같은 고국을 걱정하고 있는데 뒤에서 온화한 목소리가 들려왔다.

"이 공, 참으로 좋은 아침이구려. 공 덕분에 이렇게 걷고, 아침 햇살을 즐기며 상큼한 공기를 마실 수 있어 고맙소. 그런데 여기서 뭐하고 계시오?"

황태후가 등 뒤에서 말했다. 석간은 깜짝 놀라 허리를 굽히고 예를 올렸다.

"태후마마, 저 떠오르는 해를 바라보고 있던 참이옵니다. 폐하와 마마께서 지극정성을 드려 하늘이 감동하셨나이다."

"조선의 해보다는 명나라 해가 훨씬 크지요?"

태후가 빙그레 웃으며 말했다.

"어찌 그리 생각하옵니까?"

"땅덩이가 크고 백성의 숫자가 많으니 커야 하지 않겠소?"

"그도 그럴듯하옵니다. 하지만 해는 대국이나 소국이나 대인이나 소인이나 공평하게 비추는 줄 아옵니다."

석간이 허리를 굽히며 공손하게 말했다. 모후를 부축하고 있던 황제와 공주가 한마디씩 거들었다.

"석간은 그 용기가 어디서 나오느냐?"

황제의 말에 공주가 상냥하게 이어갔다.

"공이 황궁에 살면서 옆에 계신다면 얼마나 좋을까, 아니 그렇습니까, 폐하?"

개망나니라도 천문에 밝은 동생을 아끼는 가족애가 남다른 황제가 명을 내렸다.

"석간은 오늘 저녁 공주 생일잔치에 꼭 참석하라."

공주가 석간을 짝사랑하고 있음을 안 모후는 그를 부마로 들이려고 갖은 방법을 다 써 왔으나 석간은 꿈쩍도 안 했다. 이번이 좋은 기회였다. 큰 연못 가운데 공주의 별궁은 아름다웠다. 덕담을 나누고 황제와 가족들이 먼저 일어나면서 모후가 속삭이듯 황제에게 말을 꺼냈다.

"황상, 저 철딱지가 석간에게 마음이 온통 빼앗겼구려."

"결혼시켜 버립시다."

황제가 쉽게 말을 뱉었다. 이윽고 석간과 공주만 남게 되었다.

"조선의 소백산 아래 선비 명의가 계신다는 걸 일찍이 들었소. 황제 앞에서도 죽음을 두려워하지 않고 정도를 보이신 공의 기개에 반했소. 그리고 엄마를 고쳐주셔서 참으로 고맙소. 높은 벼슬을 주청할 터이니 조선에 가지 마시고 여기서 같이 지냅시다. 호호호…."

공주가 자신의 모두를 주고 싶다는 의미로 끼고 있던 옥반지를 장난치듯

훽 빼어 석간의 중지에 끼워주었다. 왈가닥 공주이지만 석간은 이마저 뿌리칠 수는 없었다. 공주는 줄곧 안달이 나서 석간에게 목을 맸다. 숙소에 불쑥 나타난 왈가닥 공주가, 석간의 팔을 잡고 유혹의 몸을 밀착시켜 올 땐 석간도 남자인지라 야릇한 느낌이 들었지만 떼어 놓기가 여간 힘들지 않았다.

석간은 자신은 물론 아들과의 약속을 지키기 위해 밤새 고민하다가 야반도주하기로 마음을 먹었다. 성문까지는 용케 발각되지 않았으나 통과가 불가능했다. 안면이 있는 문지기인데도 통행증이 없어 어쩔 도리가 없었다. 더욱이 황실 허락 없이는 한 발자국도 밖으로 나갈 수 없었다. 결국 잡히는 신세가 되었다. 그는 땅바닥에 주저앉아 차라리 자신의 목을 치라고, 소리를 질렀다.

이른 아침 석간이 없어졌다고 영빈관과 수문장의 급보를 접한 황제는 노발대발할 수도 없고 대쪽 선비를 더 이상 만류할 수도 없었다. 그제야 황제는 한양까지 가는 데 필요한 용품과 선물을 가득 실어주고 어인이 찍힌 상시출입 호패를 만들어 주었다. 석간은 마병들이 호위한지라 귀국길이 훨씬 빠르고 안전했다.

석간이 귀국을 하자 조선 조정에서도 국위를 선양한 대가로 극진한 대접을 했다. 유의 이석간이 뒤새에 도착해 보니 자신의 초가집은 간데없고 대궐 같은 아흔아홉 칸 집이 있지 않은가? 제갈공명의 팔진도 비법으로 건축한 웅장한 집이었다.

석간은 놀라 부인에게 "우리 집도 아닌데 어찌 여기 있소?" 하자, 명나라 황제가 하사한 집이라고 했다. 석간은 옛날 집이 더 편하다며 별채만 쓰고 본채는 공익 의료시설로 내놓았다.

훗날 그는 선비의 고장인 향리에 남아 선비정신을 몸소 보여 주면서 평생 중인 신분인 의원의 길을 갔다. 유의 이석간의 사후 20여 년 뒤, 임진왜란 때 명나라가 서둘러 파병을 한 것도 당시 보은의 의미가 있지 않았을까.

지방출신의 선비 의원이 조선 의술의 세계화를 위해 목숨을 아까워하지 않았지만 당대에 자신의 저술업적을 사양한 것 또한 겸양의 선비정신이었다.

인조 22년에 가서야 후학들이 석간의 방을 수집하여 『사의경험방(四醫

經驗方)』으로 출간하였다.

황제의 면전에서도 곧은 행동을 보여준 선비정신! 이석간의 선비정신이 깃든 아름다운 삶의 현장이 바로 영주시 영주1동 두서길(19번 11)에 있던 아흔아홉 칸 집이다.

집의 가치는 규모에 있지 않고 그 속에서 누가 무엇을 생각하고 무엇을 하느냐에 달려 있음을 일깨운다. 이 집에서 길러진 정견, 정헌 두 아들은 선과 의, 효와 충을 실천한 아버지를 따라 임진왜란 전장에서 혁혁한 공을 세웠다.

한편 정헌의 유품이 문수에 안장되고 석간의 딸이 문수 평해 황씨에게 출가한 뒤로 그의 후손 일부가 이곳에 자리를 텄다.

허준보다 30여 년 일찍 살다 간, 석간의 집은 대한제국 고종 황제의 전의였던 귀운 서병효가 사용한 까닭에 더욱 유서 깊다.

■ 김덕호

경북 영주 출생. 월간 『문학세계』 등단. 한국문인협회, 한국소설가협회 회원. 경희대학교 한의과대학 교수(한의학 박사). 인애가병원, 한방병원 요양병원 이사장. 사회복지시설 장수마을 이사장. 영주시립병원 이사장. 단편 「목도리」 「계향초」 외 다수, 수필 「속정」 외 다수.

| 스토리텔링 |

채꾼(牛追, 소몰이꾼)

김 범 선

대문을 열고 나가자 골목길 문 앞에 소를 가득 실은 포터 트럭이 앞을 가로 막고 있었다. 누가 4m 좁은 소방도로 문 앞에다 염치도 없이 이렇게 주차를 시켜 놓았지?

생각을 해보니 오늘이 5일 영주 장날이었다. 아무리 장날이라도 그렇지, 누가 맨자구같이 트럭을 문 앞에 바짝 붙여 대문도 못 열게 만들어 놓았어? 은근히 화도 나고 약이 올랐다. 그래서 트럭 운전석에 연락처를 찾아보았다. 황소를 5마리나 실은 트럭에는 그 흔한 핸드폰 번호도 없었다. 단지 트럭 적재함 뒷문에 하얀 페인트 붓글씨로 '또바우 목장'이라고 쓰여 있었다. 또바우 목장? 또바우라는 말은 흔히 쓰는 단어가 아니다.

갑자기 또바우 생각이 났다. 또바우는 옛날 우리 앞집에 살았던 소거간꾼 윤돌암의 아들 이름이었다. 또 바우(아들)를 하나 더 낳으라고 윤돌암은 아들 이름을 이렇게 작명을 해 놓았다.

그러나 또바우 어머니, 무창댁은 병자년에 괴질(장질부사)로 죽어 남편 윤돌암의 소원대로 아들을 하나 더 생산하지 못했다. 그래서 또바우는 어릴 때부터 소거간꾼 아버지와 함께 전국을 떠돌며 살았다.

배운 게 도적질이라고 또바우는 다섯 살 때부터 소거간꾼 아버지를 따라다니며 전국의 우시장을 모두 섭렵을 하다 보니 아이가 발랑 까져 모르는 게 없었다. 또바우는 전국 우시장에 소거간꾼들을 상대로 술과 밥을 파는 주모를 모두 엄마라고 부르며 살았다. 윤돌암은 소거간꾼을 하려면 한글과 숫자를 알아야 한다며 수시로 언문과 산수를 가르쳤다. 영리한 또바우는 열다섯 살이 되자 소거간에 필요한 글씨와 계산을 아버지 윤돌암보다 더 잘했다.

아버지가 용문장에 소를 팔고 이화령을 넘다가 강도를 만나 전대에 넣어 둔 소 판 돈을 모두 빼앗기고 맞아 죽자 또바우는 대를 이어 전국에 우시장을 모두 다니며 채꾼 노릇을 해서 살았다. 또바우는 소를 거래할 정도의 큰 돈은 없었고 우시장을 따라 소를 이동 시켜주는 채꾼으로 생계를 이어 가고 있었다. 또바우의 꿈은 자기 아버지처럼 돈을 모아 소를 우시장에서 사서 이익을 남기고 되파는 거간꾼이 되었다.

우시장은 소를 매매하는 곳이다. 소를 팔러 나오는 사람과 소를 사러 나온 사람, 소를 팔고 사는 소장수, 매매하는 중개인, 소의 질병과 임신 여부를 진단하는 수의사, 소를 몰아다주는 채꾼, 우시장에 나와서 흥정을 구경하다가 막걸리 한 잔을 얻어먹는 구경꾼, 소를 먹여주고 재워주는 마방집, 5일장마다 우시장에서 술판을 벌리고 국밥을 파는 주모까지 모두 합하여 우시장을 구성하는 사람들이었다.

소를 매매하는 과정에서 가장 중요한 것은 흥정이다. 흥정에는 중개인이 필요하였다. 중개인은 2종류가 있었다. 축산업협동조합으로부터 중개 권한을 부여받은 공식중개인과 벌 중개인이 있었다. 벌 중개인은 조합으로부터 인가는 받지 않았으나 소에 관한 경험과 지식으로 소를 중개하는 사람들이다. 윤돌암은 전국의 우시장을 돌아다니는 벌 중개인이었다.

그래서 윤돌암의 아들 바우는 저절로 제 아비가 하던 우시장에 일을 이어 받게 되었다. 아직은 밑천이 짧아 소 장수를 겸해 우시장에 채꾼 노릇을 하였다.

그런데 앞집에 사는 또바우가 언제부턴가 우리 할아버지와 가까워졌다. 그는 제천장에 다녀올 때는 엿을 사 오기도 하고 안동장에 다녀올 때는 팥이 덕지덕지 묻은 버버리 찰떡을 사다 주기도 했다. 할아버지는 또바우가 아주 건실한 청년이라고 칭찬이 자자했다.

당시 우리 집에는 분기 누나가 있었다. 임분기는 아버지가 영해에 갔다가 창수재에서 데려온 전쟁 고아였다. 어린 시절, 자정이 지난 시각에 어머니가 누군가와 말을 하는 소리가 잠결에 들렸다. 그래서 눈을 뜨고 살펴보니 엄동설한에 베옷을 입고 머리를 빡빡 깎은 열 살 정도 되는 남자애가 어머니와 대화를 나누고 있었다. 나는 깜짝 놀라 그 형에게

"형, 니 누구로?" 하고 물었다.

"야는 너거 아부지가 델꼬 왔다. 형이 아이고 누부야다, 누부야." 하고 어머니가 말했다.

그 애는 몹시 수줍어하며 고개를 푹 숙이고 대답도 하지 않았다. 대신 어머니가 설명을 해 주었다. 그 애는 형이 아니고 나보다 다섯 살이 더 많았는데 아버지가 창수재에서 데리고 온 계집애라고 했다. 그리고 어머니는 형이라고 부르지 말고 분기 누나라고 부르라고 말했다. 어머니는 분기 누나를 학교에 보내진 않고 집에서 한글과 산수를 가르쳤다. 교재는 내가 상급 학년으로 올라갈 때 버린 헌 교과서였다.

"달, 달 무슨 달 쟁반같이 둥근달 어디 어디 떴나. 동산위에 떴지." 하고 어머니가 한 문장씩 먼저 읽으면 분기 누나는 따라서 읽으며 한글을 배웠다. 분기 누나는 머리가 영리하고 좋아서 금방 글을 배웠다. 어머니는 자기가 입지 않는 옷을 줄여서 분기 누나에게 입혔다. 분기 누나는 어머니의 잔심부름을 도와주며 집안일을 했다. 당시 우리 집은 아버지는 목재상을 하고 할아버지는 머슴 한 명을 데리고 농사를 지으셨다. 어머니 혼자서는 큰 살림을 감당하기 어려웠다.

분기 누나가 열아홉 살이 되자, 누나는 인물이 빼어나 읍내 총각들이 모두 탐을 내는 처녀가 되었다. 총각인 머슴들은 서로 앞다퉈 할아버지에게 잘 보이려 열심히 일을 했다. 분기 누나의 혼사 결정은 집안에 최고 어른이신 조부님의 말 한마디면 끝이 났다.

언제부턴가 또바우는 안동 우시장이나 예천 우시장에 다녀오면 언문으로 된 이야기책을 사가지고 왔다. 그리고 호롱불 밑에서 할아버지에게 밤이 늦도록 읽어 주기 시작했다. 목청 좋은 또바우는 낭랑한 목소리로 이야기책을 읽고 할아버지는 긴 담뱃대에 연시 쌈지에서 담배를 꺼내 대꼬바리(담배통)에 채워서 호롱불에 불을 부처 빼끔거리며 이야기를 들었다. 그럴 때 할아버지 방은 안개가 낀 것처럼 담배 연기로 자욱했다.

밤이 이슥하면 할아버지는 분기 누나에게 밤참으로 홍시를 가져오라고

했다. 『콩쥐팥쥐』, 『심청전』, 『홍길동전』과 『장화홍련전』 등을 또바우는 겨울밤이 늦도록 목청을 높여 읽어 주었다. 할아버지는 또바우의 책 읽어주는 재미에 푹 빠졌다. 또바우가 안동장에서 삼국지를 구해서 읽어주자 할아버지에게 결정적인 신임을 얻게 되었다. 할아버지는 관우 장군을 아주 좋아해서 관우가 나오면 또바우에게 반복해서 읽게 했다.

"또바우야, 거기 한 번 더 읽어봐라."

바우가 목청을 높여

"애—에, 관우가 팔십 근 청룡도를 가볍게 휘두르며 가실라무네, 길을 열자 조조가 저 적장이 누구냐 하고 가실라무네." 하고 읽자 할아버지는 흥분하여 몸을 부르르 떨며 관우처럼 길게 기른 수염을 쓰다듬었다. 또바우는 신이 나서 "가실나무네" 하고 베스를 넣으며 목청을 더 높여 몸짓까지 섞어가며 실감나게 읽었다. 한학을 하신 할아버지도 글씨를 아시는데 직접 읽지 않고 또바우에게 낭송을 시킨 것은 어두운 호롱불 때문에 글씨가 잘 안보여 그렇게 하신 것 같았다.

분기 누나에게 장가들기 위해 머슴살이로 들어왔던 억이는 닭을 쫓던 개가 되었다. 할아버지는 삼국지를 듣기 위해 호롱불보다 열 배나 더 밝고 석유가 훨씬 더 많이 들어가는 호야를 구입하였다. 평소 할아버지는 석유를 아끼기 위해 호야등을 못 쓰게 했다. 덕분에 우리 집은 호롱불 대신 호야등을 쓰는 호사를 누리게 되었다.

호야등은 석유 그을음이 많아 아침마다 분기 누나가 걸레로 입김을 호오 불어가며 유리를 닦아줘야 했다. 채끈 또바우는 우시장을 다녀올 때마다 할아버지에게는 이야기책을, 분기 누나에게는 가루분이나 동동구리무를 사다주었다. 분기 누나도 또바우에게 마음을 주는 것 같았다.

"분기야, 이거."

참남배기에 나무를 하러 갔던 억이가 갈비 한 짐을 진 채 손에 들고 온 참꽃 한 다발을 내밀었다.

"우옛꼬, 벌써 참꽃이 피드나?"

우물에서 두레박으로 물을 긷던 분기가 깜짝 놀라 참꽃을 받아들었다.

"참남배기에 참꽃이 마이 핏더라, 내가 니 줄라꼬 쪼매 꺾어왔다."

"잿만디에도 꽃이 핏드나?"

분기가 참꽃향기를 맞으며 말하자

"잿만디는 안즉도 안 핏더라."

"에고, 내 정신 좀 봐라, 니 목 마르제?"

분기가 얼른 우물 한 두레박을 떠서 내밀자 억이는 한 손으로 양철통 두레박을 받아들고 벌컥벌컥 물을 들이켰다. 나무 한 짐을 지고 얼마나 용을 썼는지 목울대에서 꿀떡꿀떡 소리를 내며 물이 목구멍으로 잘도 넘어갔다.

"분기야 잘 묵었다, 고맙데이."

"아이다."

분기가 참꽃을 손에 들고 답하자 "내는 간데이" 하고 억이는 산더미처럼 지게에 올려놓은 소나무 갈비 짐을 지고 시커먼 종아리에 힘줄을 불끈 세우고 엉덩이를 이리 삐딱 저리 삐딱거리며 뒷마당으로 걸어갔다.

또바우는 영주 5일장에서 거래가 된 소를 몰고 예천과 감천, 보문, 용문, 안동, 상주와 김천 우시장까지, 충청도는 단양과 제천, 강원도는 원주와 영월까지 소를 몰아다 주었다. 우시장은 아무래도 예천 용문장이 거래가 많고 전국에서 소장수들이 가장 많이 모여들었다. 영주 우시장은 하루 15마리 정도가 거래가 되는데 용문 장은 33마리가 거래되었다.

채꾼은 전문적인 소몰이꾼이었다. 일정한 보수를 받고 약정된 시간에 정해진 장소까지 소를 이동해주고 보수를 받는 것이다. 지금처럼 트럭이 없고 도로 사정이 나쁜 시절에 우시장에서는 소를 이동시켜 주는 채꾼들이 꼭 필요한 존재였다.

제천에 사는 소장수 박종팔이 영주 우시장에서 소를 사서 채꾼 또바우에게 소를 제천 우시장까지 데려다 달라고 하면 채꾼은 지정된 날짜에 소를 제천까지 이동시켜주고 돈을 받는 것이다.

채꾼이 영주 우시장에서 소를 인수받아 제천까지 몰고 가려면 험준한 아흔아홉 굽이, 죽령을 넘어가야 했다. 채꾼들은 풍기읍 수철리에서 죽령 옛길을 따라 소를 몰고 갔다. 죽령은 경북 영주시 풍기읍 수철리에서 충북 단양군 대강면 장림리로 넘어가는 험준한 길로, 예로부터 오르막 30리요 내리막길 30리로, 합이 60리 산길이었다. 또바우는 황소 다섯 마리를 일렬로 꿰어 차고 죽령을 넘어갈 때 임분기를 생각했다. 갸름한 얼굴에 짙은 눈썹과 달덩이같이 화사한 얼굴, 그리고 산딸기같이 빨간 입술을 생각하면 험준한 산길도 힘이 나고 두렵지 않았다. 희다 못해 푸른 색 달빛 속을 타박타박 소와 산길을 걸어가며 또바우는 오직 분기만을 생각했다. 또바우나 분기 두 사람 모두, 부모 형제가 한 사람도 없는 혈혈단신이었다.

옛날에 우시장은 지금처럼 새벽에 여는 것이 아니라 오후에 개장이 되어 저녁 무렵이면 파장이 되었다. 따라서 소는 밤에 이동하였다.

채꾼은 신용이 생명이었다. 소장수가 맡긴 소를 몰고 도망을 칠 수도 있었다. 당시 소 한 마리는 한 집 살림이었다. 잘못하면 소를 함부로 몰아 병신 소를 만들 수도 있었다. 또 험한 산길을 혼자 가다가 강도를 당해 채꾼은 맞아 죽고 소를 도적맞기도 했다. 더러는 산짐승에게 물려 죽기도 했다. 채꾼은 신용이 있고 강도와 맞서 싸울 배짱이 있어야 하며 산짐승을 만나도 소를 보호할 수 있는 힘과 지혜가 있어야 했다. 그래서 채꾼은 전문 직업인이며 비싼 인건비를 받았다. 목이 어깨에 착 달라붙은 땅땅한 체구의 윤돌암의 아들 또바우는 경상도에서는 둘째 가라면 서러운 이름난 채꾼이었다.

채꾼들이 밤에 많이 이동하는, 신라 때 죽죽(竹竹)이 개설한 길 죽령은 삼국 시대에는 신라와 고구려의 국경이기도 했다. 옛길은 지금의 죽령로 1720번 도로의 좌측 계곡을 따라 올라갔다. 옛날에 이 길은 영남 사람들이 한양으로 가는 3대 통로 중에 하나이기도 했다.

죽령은 고속도로와 국도, 중앙선 철길과 옛길, 백두대간이 서로 만나는 곳이었다. 철도는 죽령에서 5㎞ 터널과 360도 회전(또아리굴)을 하고, 중앙고속도로는 가장 긴 4.6㎞의 터널을 지나갔다.

죽령에는 느티쟁이 주막과 마방집이 있었다. 소를 몰고 가는 채꾼들은 밤이 되면 마방집에서 쉬어갔다. 마방집은 소와 거간꾼 그리고 채꾼들이 쉬어가는 숙소였다. 지금처럼 소를 트럭으로 운송하지 않고 걸어서 이동하기 때문에 소를 사고파는 상인들과 소를 몰고 이동을 시켜주는 채꾼들에게는 마방집이 필수적인 요소이다.

마방집에서 채꾼들은 소와 관련된 정보를 서로 교환을 하였다. 전날 우시장에서 거래가 된 소의 시세와 다음 장의 가격 전망, 몰고 온 소의 장단

점, 하자 있는 소의 결점을 감추고 파는 방법과 소의 질병을 치료하는 방법까지 다양한 정보를 서로 교환하였다. 때로는 마방집에서 술판이 벌어지고 노름을 하기도 했다.

채꾼들이 소를 몰고 걸으면 보통 1시간에 4㎞를 걸었다. 100㎞를 가려면 25시간 이상이 걸렸다.

채꾼들이 소를 몰고 이동하는 시간은 주로 우시장이 파한 밤이었다. 원거리 우시장으로 이동을 하기 위해서는 사람도 숙소가 필요하고 소도 쉬어야 했다. 채꾼들이 몰고 가는 소는 다음 우시장에서 판매되는 상품이기 때문에 관리를 잘해야 했다.

마방집에는 수십 마리의 소가 쉬어갈 수 있는 외양간이 있어야 하고, 채꾼들이 묵을 봉놋방이 있어야 하며 술청도 있어야 했다.

소는 다음 우시장에서 좋은 값을 받기 위해서는 여물을 듬뿍 줘야 하고 잘 손질해야 했다. 채꾼들은 밤이면 봉놋방에서 짚으로 소의 신발을 삼아야 했다. 바짝 마른 볏짚에 손으로 물을 축여가며 소의 짚신을 삼았다. 소에게 신발을 신기지 않으면 장거리 자갈길을 가다가 발굽이 모두 닳아 소가 다리를 절게 되어 제값을 받지 못했다.

소의 신발을 삼는 일은 보통이 아니었다. 소는 발이 4개로 10마리면 소 짚신 40족이 필요했다. 그래서 채꾼들은 틈만 나면 짚으로 소의 신발을 삼았다. 용궁장은 4, 9장인데 3일과 8일 밤이면 적게는 20마리에서 많게는 30마리까지 마방집에서 소가 묵었다. 용궁마방집 남편 천씨는 새벽 2시에 일어나 쇠죽을 쓰고 아내 감천댁은 소상인들과 채꾼들의 아침상을 준비해야 했다. 영주장에서 소를 사서 예천으로 가려면 감천 갈머리 마방집에서 쉬어갔다. 또 제천으로 가려면 죽령 마방집에서 묵어서 갔다.

채꾼들은 물푸레나무 채찍을 가지고 소를 모는데 송아지를 몰고 가는 게 제일 힘이 들었다. 큰 소야 앞에 소의 코뚜레에 고삐를 묶고 줄을 뽑아 뒤 소머리에 묶어 놓으면 제아무리 황소라도 꼼짝을 못했다. 그러나 송아지는 코뚜레를 꿰지 않아 제멋대로 고삐를 풀고 달아났다. 그래서 또바우는 송아지를 몰고 갈 때에는 제일 힘이 센 송아지를 가운데에 세우고 다른 송아지는 양옆으로 세웠다. 고삐를 배와 배 사이로 연결하고 가운데 놈을 몰아 세우면 양옆에 송아지는 저절로 따라가게 되어 있었다. 사나운 황소는 채

끈을 뜨기도 하고 서로 싸우기도 했다. 그래서 또바우는 황소를 몰고 갈 때에는 코뚜레 끈을 길게 뽑아 뒷다리로 연결시킨 후 다시 머리에 묶어 놓았다. 그렇게 하면 제 아무리 황소라도 꼼짝을 못했다.

또바우는 영주 우시장에서 감천장으로, 용문 우시장에서 김천장까지, 그리고 제천 우시장에서 경기도 안성장까지 소를 몰고 다녔다.

또바우 나이가 스무 살이 되자 가근방에서 채꾼으로는 또바우를 당할 사람이 없었다. 또바우는 자기 아버지 윤돌암을 닮아 소거간꾼으로도 경상도에 이름을 날렸다.

어머니 없이 자란 또바우는 불알이 빨갈 때부터 아버지와 함께 우시장을 다니며 소거간에 관한 모든 것을 배웠다.

또바우는 뜨는 소를 헐값에 사서 비싸게 팔아먹는 재주가 있었다. 제천 우시장에 뜨는 황소가 한 마리가 나왔다. 뜨는 소는 일은 하지 않고 주인을 뜨고 사납게 굴어 헐값에 팔렸다. 바우는 제천 우시장에서 이 뜨는 소를 200환에 사서 경기도 안성장에 몰고 가서 거금 1,000환에 팔았다. 당시 집 한 채 값이었다. 요즘으로 환산하면 아파트 한 채 값이다. 바우는 경기도 안성 장날에 이 소를 몰고 가서 마방집에서 새벽에 여물을 먹인 후, 45도 안동소주 다섯 병을 사서 1병은 자기가 먹고 4병은 뜨는 소에게 먹였다. 그리고 소를 마구간 기둥에 묶어놓고 머리에 검정 보자기를 뒤집어 씌웠다. 그런 다음 뿔 사이의 정수리를 망치로 내리쳤다. 술에 취한 황소가 망치로 골을 한 방 맞자 띵해서 멍청해졌다. 그렇게 사납게 성질을 부리던 뜨는 소가 얌전하게 바우가 끌고 가는 대로 안성 우시장에 따라갔다. 안성 우시장에 나온 소 중에는 바우가 몰고 온 황소가 가장 크고 덩치가 좋았다. 더구나 성질까지 순해서 주인이 시키는 대로 하며 가만히 서 있었다. 바우는 제천에서 구입한 뜨는 소를 경기도 안성장에서 가장 비싼 가격을 받고 팔았다. 자기 아버지로부터 배운 소장수의 노하우였다.

한때, 예천 용문 우시장에는 팔리지 않은 황소 한 마리가 있었다. 그 소는 사곡 곰배팔이네 수소로, 주인이 팔려고 예천 우시장에 몰고 나오면 사람을 뜨거나 아무 암소에 올라탔다. 아니면 옆의 소와 싸움을 벌여서 아무도 사려고 하지 않았다.

옛날에 소는 지금처럼 육우가 아니고 일하는 소였다. 소 한 마리면 일꾼 5명의 몫을 했다. 그래서 농사를 짓는 농가에서는 상머슴이요, 중요한 노동 수단이었다. 그런데 사곡 소는 밭에 일하러 가면 주인을 떠받아 밭고랑에 처박았다. 그리고 암소만 보면 소군지를 풀고 달려가서 올라탔다. 그리고 황소만 보면 사납게 달려들어 날카로운 뿔로 떠받아 상처를 입혀놓아 소의 치료비를 물어줘야 했다. 그래서 용문 우시장에 뜨는 소는 경상도 땅에서는 깡패 소로 소문이 나서 아무도 사 가려는 사람이 없었다. 또바우는 이 소를 용문 우시장에서 헐값인 250환에 사들였다. 그리고 밤길을 걸어 쇠자우골 자기 집으로 끌고 갔다. 황소가 성질이 사나워 자꾸 뜨려고 달려들어 또바우 같은 노련한 채꾼도 감당을 하기 어려웠다.

동짓달 열나흘 휘영청 밝은 달빛에 바우가 소를 몰고 쇠자우골로 가는데 갑자기 뜨는 소가 몸을 부르르 떨며 긴장을 하기 시작했다. 이런 소의 모습을 처음 본 바우는 예감이 이상해 주위를 살펴보니 눈밭에 송아지만 한 호랑이 한 마리가 길을 가로막고 있었다. 호랑이는 대낮같이 밝은 달빛 속에서도 눈을 깜빡일 때마다 파란 불이 출출 흐르고 있었다.

호랑이가 "어흥!" 하고 울부짖자 계곡이 울리며 소나무 가지 위에 쌓인 눈이 우수수 떨어졌다. 갑자기 뜨는 소가 "푸르륵" 하고 소리를 지르며 용을 쓰기 시작했다. 또바우가 재빨리 소군지를 풀어 놓았다. 고삐를 풀어놓자 황소가 앞발로 눈밭을 사납게 파헤치며 호랑이와 대치하였다. 바우는 겁이 나서 벌벌 떨며 꼼짝도 할 수가 없었다. 발이 땅에 얼어붙었는지 떨어지지 않았다. 갑자기 또바우가 두 손으로 자기 엉덩이 볼기짝을 찰싹 소리가 나도록 내리치면 고함을 빽 질렀다.

"뜨는 소야, 저놈 받아버려!"

하고 소리쳤다. 채꾼 또바우는 소를 너무 잘 알고 있었다. 소는 주인과 교감을 하는 영물이었다. 소는 주인을 물지 않는다. 주인이 소에게 힘을 실어 주면 소는 주인을 보호하고 보답을 하는 동물이었다.

한참 동안 이렇게 서로 대치를 하고 있던 황소가 주인의 고함소리를 듣고 힘을 얻어 "푸르륵" 하는 소리를 내며 호랑이에게 질풍같이 달려들어 날카로운 뿔로 떠받았다. 호랑이가 앞발을 들어 방어를 해 보았지만 뜨는 소는 미친놈처럼 달려들었다. 덩치가 집채만 한 황소가 입에 하얀 게거품을 물고 미쳐 날뛰자 호랑이는 그만 슬그머니 꼬리를 내리고 도망을 쳐버렸다. 또바우는 기운이 빠져 그만 눈밭에 털썩 주저앉았다. 조금 전까지만 해도 채꾼 바우를 뜨려고 사납게 달려들던 황소가 주인을 보호하며 조용히 옆에 서 있었다.

쇠자우골 바우네 집으로 온 사곡의 뜨는 소는, 그 뒤부터 사람을 해코지 않고 일을 잘 했다. 지금도 황소가 호랑이와 싸웠던 이곳은 황소 발자국이 찍힌 바위가 남아 있다. 사람들은 그때부터 이 골짜기를 쇠자우골이라 불렀다. 쇠자우골은 망월봉 북쪽에 붙어 있는 골짜기를 말한다.

옛날에는 또바우의 뜨는 소가 호랑이와 싸울 때 찍힌 발자국이 3개가 남아 있었는데, 지금은 발굽의 지름이 20㎝인 발자국이 하나만 남아 있다.

"아분님요, 분기 몬 봤니겨."

아침 밥상을 들고 온 어머니가 할아버지에게 물었다

"분기는 왜?"

"야가 아침부터 안 보이니더."

어머니가 걱정스런 얼굴로 말했다.

"에미야, 분기는 찾지 마라. 내가 알아서 하이."

할아버지의 그 말 한마디에 어머니는 분기 누나에 대해 더 이상 묻지 못했다. 아버지가 창수재에서 데리고 온 전쟁고아를 10년 동안 자기 딸처럼 키워온 어머니는 할아버지 말 한마디에 끽 소리도 못했다.

채꾼으로 잘 나가는 또바우에게도 한 가지 고민이 있었다. 군대 입대 영장이 나온 것이다. 당시는 정전 직후라 군대에 가면 죽는 줄 알았다. 더구나 친구 주희가 철암지구 전투에서 전사 통지가 오자, 전국을 채꾼으로 떠돌며 살아 온 또바우는 분기 누나와 함께 야반도주를 한 것이다.

또바우는 전국의 장날을 떠돌아다니는 이름난 채꾼으로 얻어들은 지식도 많고 징집을 피하는 방법도 잘 알고 있었다. 그런데 문제는 자기가 사랑하는 분기와 같이 도망을 쳐야 하는데 그게 안 되는 것이다. 면사무소에서는 징집영장을 들고 자꾸 잡으러 오자 다급한 또바우는 할아버지에게 매달렸다. 할아버지는 또바우에게 지혜를 빌려 주었다. 또바우는 할아버지에게 분기 누나 때문에 잘 보이려 애를 썼지만 할아버지는 또바우의 평소 사람 됨됨이를 유심히 지켜보고 있었다. 그래서 두 사람을 짝지어 준 것이다. 그러나 할아버지는 분기 누나를 10년이나 키워온 어머니 몰래 또바우와 징집을 피하기 위해 야반도주시킨 것을 항상 미안하게 생각하고 있었다.

우물가에 심어 놓은 백합꽃이 활짝 핀 어느 봄날, 점심상을 차려 온 어머니에게 할아버지가 말씀하셨다.

"에미야, 분기가 생남을 했단다."

"아분님요, 분기가 잘 산다니겨?"

"그래, 에미야. 내가 니한테는 마이 미안타, 말도 안 하고 분기를 보내서."

"지는요, 속 깊으신 아분님이 잘 알아서 하시리라 짐작만 했니더."

"고마우이."

"갸들이 어데 산다니겨?"

"단양 영춘에 산다카드라."

"연락은 되니겨."

"철따라 야밤에 또바우가 잠깐 댕겨 간다. 하도 말 많은 세상이라 지도 무척 조심하제. 또바우가 에미 니한테는 몹시 죄스럽게 생각하더라."

"아분님요, 지는 괜찮니더."

"에미야, 분기가 올 가을엔 한번 댕겨간다 카더라. 갸가 에미, 니를 마이 생각한다카더라."

"어대든지 지만 잘 살면 되지요 머."

"부르릉 부르릉."

갑자기 트럭 시동이 걸리며 꽁무니에서 시커먼 연기가 내뿜었다. 깜짝 놀라 트럭 뒤로 물러섰다. 그때 트럭 운전석에 앉아 있는 머리가 하얗게 센 노인을 볼 수가 있었다. 노인은 작은 체격에 목이 어깨에 착 달라붙은 강인한 모습을 하고 있다. 저 노인이 또바우? 설마? 가만 있자 분기 누나가 올해 여든 살이니 또바우가 살아 있다면 여든두 살은 되겠지? 그럼 그 옆에 앉아 있는 할머니가 분기 누나? 그럼 아직도 또바우는 채꾼으로 살아가고 있단 말인가?

"음—메." 트럭 짐칸에 실린 황소가 울었다. 물푸레나무 채찍을 손에 들고 집채만 한 황소를 후려치며 소를 몰았던 체구가 작았던 소년 채꾼은 여든 두 살의 노인이 되어 아직도 트럭으로 소를 몰아다 주는 채꾼으로 살고 있었다. 소를 실은 트럭이 저만치 길 모퉁이를 돌아가고 있었다. 저 노인이 정말 또바우라면 한 가지만 물어 보고 싶은 게 있었다. 구전으로 전해 내려오는 나방골에서 뜨는 소와 호랑이의 싸움을 말이다. 그리고 밤새도록 소들을 몰고 신작로를 걸으면서 무슨 생각을 했는지?

다른 직업은 말과 글로써 가르쳐 줄 수가 있었다. 그러나 채꾼은 대낮같이 밝은 달빛 아래 소와 함께 신작로 길을 타박타박 끝도 없이 걸으며 수많은 밤을 새워 몸으로 배워야 했다. 그는 밤길을 걸으면서 무슨 생각을 했을까? 채꾼에게 길은 여정의 일부분일 뿐, 삶의 목적은 아니었다. 아무리 시대가 변해 소가 쇠를 먹고 살이 살을 먹는 세상이지만 채꾼에게 소중한 것은 한 가지뿐이었다. 소똥이 지짐떡 같아도 채꾼은 나를 잊고 오직 소와 하나가 되는 것이었다.

▣ 김범선

경북 영양 출생. 경북고등학교, 동국대학교 경제학과 졸업. 단편 「작살」 문화관광부 전자책국고지원사업 전자책콘텐츠육성 부문 최우수 작품 선정. 한국문인협회 문단윤리위원. 한국소설가협회 중앙위원. 국제펜클럽 한국본부 회원. 주간 〈일요서울〉 장편 「킬러밸리」 연재. 월간 『좋은만남』 에세이 「아버지가 딸에게 주는 행복메시지」 연재. 월간 『문학저널』 장편 「북서풍의 골짜기」 연재. 월간 『좋은 생각』 「땅콩 밭에 여우들」 연재. 장편 『눈꽃열차』 『비창』(1, 2권) 『황금지붕』 『개미허리의 추억』(상, 하권) 『영혼중개사』 『노루잠에 개꿈』 『협곡열차』 『땅콩 밭에 여우들』, 에세이집 『니가 있어 행복하다』 『남자로 사는 법』
rosakbs@hanmail.net

| 스토리텔링 |

부처가 된 석공

문명숙

“부쩍 절을 많이 지어샀는 거 보이 올해는 소식이 내려올낀가?”

“그렇다고들 떠들어샀네.”

대화의 주인공은 이곳 수련생 현과 지철이었다. 이 둘은 어릴 때부터 한 스승 밑에서 공부하면서 성장한 친구였다. 현은 키만 훌쩍 클 뿐 체격이 왜소해 보였다. 얼굴은 갸름한 편이며 이마가 넓고 눈은 그다지 크진 않았지만 선량해 보였다.

지철은 집안이 넉넉하였고 성격도 활달하였다. 키는 현보다 작았지만 어깨가 떡 벌어져 남자다워 보였다. 눈도 부리부리하게 컸고, 하관이 발달하여 턱이 사각지고 입이 컸다. 큰 입으로 소리 내어 웃는 모습은 자신감이 넘쳤고, 정과 망치를 잡은 손은 힘찼다. 홀어머니의 품삯 일로 근근이 끼니를 해결하는 현과는 여러 모로 차이가 있었다. 현의 입장을 생각하여 은근슬쩍 도와주곤 했다. 두 끼도 제대로 해결하지 못하는 현을 위해 가뭄이 심하거나 홍수가 나면 보리쌀 자루를 현의 집 부엌에 몰래 가져다 놓곤 했다.

“현아, 니는 나라님의 부르심을 받고 싶나?”

지철이 물었다.

“우리 어머니의 소원 아이가, 나도 바라는 거고.”

현이 담담하게 대답했다.

“난 좀 혼란스럽다. 솔직히, 한 번 불려 가면 언제 돌아올지 아무도 모른다카더라. 또 죽거나 다치는 사람도 많다카데.”

“안 그래도 그기 걱정이다.”

어둠이 내린 수련장에서 돌아갈 줄 모르고 현과 지철은 이야기를 나누고 있었다.
멀리서 수련에 열의를 쏟고 있는 두 청년을 바라보는 한 사람이 있었다. 바로 그들의 스승, 수열이었다.

수열은 중앙에서도 인정해주는 유명한 석공이었다. 나라의 부르심까지 있었으나 이 좁은 지방에 남아 있는 이유를 사람들은 궁금해 했다. 스승의 유지를 받들기 위해 고향에 머무른다는 말이 대세를 이루었지만 또 다른 이유가 있다는 쑥덕거림도 따라다녔다. 그는 마을 사람들의 입방아에는 전혀 신경 쓰지 않았다.
오로지 제자 양성에만 열정을 쏟았다. 눈빛은 깊고 날카로웠다. 제자들의 작은 실수는 쉽게 넘어가 인자하다는 소리를 듣지만 게으름은 절대로 용서하지 않았다. 이유 없이 수련을 빠지면 그날로 바로 쫓아내 버렸다.
석공 수열의 눈에 수련장으로 주위를 살피며 조심조심 걸어 들어가는 그의 딸 명이의 모습이 비쳤다. 그것을 보고 있던 수열의 눈이 작아지면서 미간에 깊은 주름이 잡혔다.
"냉큼 들어가거라. 수련장에 얼씬도 하지 말라 했거늘!"
갑자기 나타난 수열의 불호령에 명이 움찔 발걸음을 멈췄다. 얼른 걸어 나오던 길로 되돌아가버렸다. 놀란 사람은 명이뿐만이 아니었다. 현과 지철도 제대로 인사도 못하고 작업장을 도망치듯 빠져나갔다.

사랑이 다가오다

집으로 돌아오는 내내 현은 스승의 단호한 눈빛이 마음에 걸렸다.
"어머니는 스승님의 뜻을 절대 거스르지 말라 했는데."
수련을 마치고 집으로 돌아가면 늘 현의 어머니는 현의 손을 점검하고 또 점검했다.
"오늘 수련은 어땠노? 어디 손 좀 보자."
그리고 스승의 뜻을 거역하지 말라는 신신당부를 잊지 않았다.

"스승님의 말씀 잘 듣고 열심히 수련했니더, 걱정 마이소."

하며 현은 어머니를 안심시켜 주었다.

어머니는 현이 석공 수련 이외에 그 어떤 일에도 신경 쓰는 것을 극도로 싫어했다. 오롯이 석공의 길만 생각하게 했다. 이것이 석공의 영광을 드러내지 못하고 돌아가신 아버지의 바람이었다고 강조하고 또 강조했다. 모든 생계를 혼자 책임지느라 남자보다 더 억세져 버린 어머니의 손을 볼 때마다 현의 가슴은 서늘한 바람이 불었다. 힘든 하루 일과를 마치고 쓰러지듯 누워 가냘픈 어깨를 들썩이며 뱉어내는 어머니의 신음소리는 현의 가슴에 송곳으로 박히곤 했다.

그럴 때마다 석공 수련을 그만둬야 하는 것은 아닌가 하는 생각도 했다. 석공으로서의 영광을 드러내는 것이 얼굴도 뵙지 못한 아버지의 뜻이기도 했지만 현에게도 석공의 손은 너무나 매력적이었다.

거친 야생의 돌이 만인이 우러러보는 아름다우면서도 근엄한 부처로 거듭하는 장면은 환희 그 자체였다. 현은 자신이 만든 부처님 앞에 임금님이 절하는 모습을 상상하곤 했다. 부처님은 왜구를 쫓아내고 나라를 지킨다고 하지 않는가.

산 주변의 큰 바위나 절벽을 보면 현은 부처상을 그려보곤 했다. '이곳에 이런 밑그림을 그리고 이렇게 조각하면….' 이 순간만은 모든 것을 잊을 수 있었다. 그저 현과 부처만 존재했다. 현이 부처를 조각하는 가장 큰 이유였다. 현의 이런 마음을 알아주는 한 사람이 있었다. 바로 스승의 딸 명이였다.

"오라버니는 저녁도 굶고 수련하세요?"

하면서 불쑥 내민 손에는 호박잎으로 감싼 주먹밥 한 덩이가 있었다. 명이의 다정한 눈빛이 현에게 너무나 큰 위로가 되었다.

어느 날 문득 다소곳이 스승님 옆에 서 있는 명이가 어릴 적부터 보아온 꼬마 아이가 아니었다. 스승님께 조곤조곤 말하고 있는 명의 입술이 눈에 크게 다가왔다. 곱게 빗어내려 한 줄기로 묶인 머리가 명이의 어깨를 타고 흘러내리고 있었다. 숱 많고 검은 머리는 명의 얼굴을 더 희게 받쳐주고 있었다. 하얀 얼굴과 대조적으로 까만 눈동자는 현을 향해 웃고 있었다. 쿵쾅거리는 심장소리, 달아오르는 얼굴. 망치를 든 손이 떨려 하마터면 다른 손을 내리칠 뻔했다. 그렇게 명이는 현의 여인으로 다가왔다.

석공 수련이 끝난 저녁이면 남들의 눈을 피해 둘만의 시간을 가지곤 했다. 수련장 뒤로 나 있는 길을 따라 반 시각쯤 걸으면 절벽으로 우뚝 서 있는 바위 밑이었다.

그 바위를 올려다보고 있으면 위축된 마음이 풀리는 것 같았다. 현 옆에서 조용히 손을 잡아주는 명이의 손은 따뜻했다. 자신감을 잃어가는 현을 위로하며 용기를 북돋워 주었다.

"현 오라버니, 솜씨가 누구보다도 더 뛰어나고 훌륭하니까 어머님의 소원을 꼭 이룰 수 있을 거예요. 힘내세요."

그러나 둘의 사랑은 넘어야 할 산이 많았다. 지철도 내심 명이를 마음에 두고 있는 것 같았다. 지철이 힐끗힐끗 명이를 쳐다보는 눈길에서 그 마음을 읽을 수 있었다.

지철이 명이의 이야기를 할 때마다 자신감 있게 우리 둘은 사랑하는 사이라고 말하고 싶었지만 애써 말을 삼켰다. 자칫 우정에 금이 갈 수도 있기 때문이었다. 그보다 더 큰 산은 스승이었다.

"오라버니가 임금님이 인정하는 위대한 석공이 되면 아버님도 우리를 인정하실 수밖에 없어요."

스승은 일찍이 최고의 석공을 사위로 삼고 스승의 뒤를 잇게 하겠다는 말을 했다. 명이와의 사랑을 자연스럽게 인정받는 유일한 방법은 스승의 인정을 받는 것뿐이었다.

그러나 스승은 늘 현에게 무심했다. 동료 석공들의 탄성을 자아낸 현의 작품에도 스승은 칭찬을 아꼈다. 스승의 눈은 분명 자신의 작품을 인정하고 있었다. 현은 그런 스승의 행동이 이상했지만 더 열심히 분발하라는 스승의 깊은 속뜻이라고 여기고 불안한 자신의 마음을 다독였다. 가끔씩 쳐다보는 눈길에는 무심함과는 또 다른 느낌을 받곤 했다. '어머니는 스승에 대해 자꾸 염려를 하시고… 끝까지 나를 인정하지 않으시면 어쩌나?' 현은 알 수 없는 불길한 마음을 지울 수가 없었다. 머릿속의 생각들이 주인의 말을 듣지 않고 제멋대로 마음을 흔들고 있었다.

어머니와 스승

스승은 며칠 동안 작업장에 나타나지 않았다. 이런 일은 처음이어서 수련생들은 많이 당황했으나 스승님의 건강 문제는 아니라는 사실에 안도했다. 명이도 그 이유를 알 수 없다고 저었다. 여러 가지 추측들이 나돌았다. 며칠 전에 중앙에서 석공 한 명을 뽑아 올리라는 소식이 내려왔는데, 스승이 누구를 보낼지 고민하고 있다는 내용으로 압축되고 있었다.

"스승님의 발표가 그 어떤 내용이라 해도 우리는 받아들여야것제. 그자?"

현의 말에 지철이도 욕심을 드러냈다.

"스승님은 여서 뽑히는 사람을 명이하고도 결혼시킨다고 하셨제? 뽑혀서 나라님께 가고 싶은 맘도 있지만 명이하고 결혼하고 싶은 맘이 더 크다."

지철의 말에 현은 갈증이 났다. 물을 아무리 마셔도 해갈되지 않는 깊은 갈증이었다. 다시금 알 수 없는 불안이 몸을 뒤흔들었다. 갈수록 더욱 석공의 길을 강요하는 어머니의 애잔한 말과 더 차가워져 가는 스승의 눈빛이 쇠꼬챙이가 되어 현의 가슴을 찔렀다.

불안한 마음을 움켜쥐고 집으로 돌아오면서 바라본 하늘은 점점 자신의 빛깔을 거둬들이고 검은 물감을 뿌리고 있었다. 현은 자신의 불안을 감춰주는 것 같아 오히려 어둠이 좋았다. 그 어둠 속에서 귀에 익숙한 사람의 대화 소리가 들려왔다. 조곤조곤하다가 언성이 높아지더니 급기야 여인의 울음소리가 보태졌다. 두 사람은 어머니와 스승이었다. 현은 숨이 막힐 것 같았다. 알 수 없는 불안이 현의 주위에 더 가까이 다가오고 있었다.

좌절

작업장으로 들어오는 스승의 얼굴은 딱딱하게 굳어 있었다. 스승의 손에는 구겨진 두루마리 종이가 들려있었다. 평소와 다른 스승의 얼굴 표정에 수련생들도 소리를 죽였다. 드디어 스승이 입을 열었다.

"나라에서 방을 내려 보낸 것은 다 알고 있을 것이다. 오늘 그 이름을 발표하겠다."

약속대로 명이와 결혼시켜 스승의 후계자로 삼겠다는 말도 덧붙였다. 스승의 입에서 불리어진 이름은 현이 아니라 지철이었다. 딱딱한 발표를 끝낸 스승은 조금의 의문도 허용치 않았다. 그리고 바람처럼 작업장을 나가버렸다.

"현아, 미안하데이, 하지만 약속은 약속이니까."

지철과 동료 수련생들의 위로가 현의 귀에는 들리지 않았다. 사라져가는 꿈과 어머니와 명이가 보였다. 평생의 소원이 좌절된 어머니의 몸은 긴 가뭄 끝에 쩍쩍 갈라지는 논밭처럼 타들어갔다. 눈동자는 불안정했고 말문은 닫혔다.

현의 눈에 비친 어머니는 다 타버리고 한 움큼의 재로 남아 작은 바람에도 날아가 버릴 것 같았다. 그런 어머니 앞에서 자신의 아픔은 사치일지도 모른다는 생각이 들었다. 그래서 어머니 앞에서 마음껏 아파할 수도 없었다. 가슴에 가득 차 있는 명이의 목소리 때문에 숨조차 쉬기 힘들어지면 그녀와 사랑을 속삭였던 뒷동산 바위를 바라보았다. 그곳에서만 현은 살아있는 것 같았다. 멀리서 명이의 모습을 볼 수 있을까 하여 살림집 주변을 어슬렁거렸고, 명이를 마음에서 지워버리지 못하는 자신이 못나 보였다.

석공으로서의 길을 계속할 이유도, 의욕도 잃었다. 석공으로서의 길은 허공으로 사라지고 있었다. 그럴 때마다 알 수 없는 부처상이 환상처럼 떠올랐다. 밤낮으로 나타나는 환상에 많이 당황스러웠지만 가슴 깊숙이 눌렀다.

그 속에서 지철과 명이의 혼례는 스승의 주관 아래 일사천리로 진행되었다. 명이가 사랑하는 사람은 현이라는 사실은 스승의 엄한 눈빛에 묻혔다. 그리고 몇 달 후 지철은 서울로 영광의 길을 떠났다.

피할 것인가, 맞을 것인가

삼 년 후 지철이가 돌아왔다. 영광을 담은 몸이 아니라 왼팔이 잘린 불구의 몸이었다. 한순간의 방심으로 못에 찔린 손을 치료하지 않고 그냥 둬 버린 결과 세균이 손목까지 먹어버렸다. 목숨을 지키기 위해 지철은 팔뚝을 자르는 길을 택했다. 지철은 고향으로 돌아오면 명이와 스승이 자신을 위로해 줄 것 같았다. 그냥 명이 옆에서 명이를 보면서 살 수 있을 것 같았다. 그러나 그것은 지철의 착각이었다.

"스승님, 죄송합니더. 지가 실수를 하여 그만 스승님의 이름을 욕되게 하고 말았심더."

지철은 진심으로 스승께 용서를 구했다. 그러나 꿇어앉은 지철의 모습을 바라보는 스승은 싸늘했다. 꽉 다문 입은 한 점의 동정도 없음을 역력히 보여주었다.

지철의 스승에 대한 서운함이 엉뚱하게도 현과 명이에게 튀었다. 지철은 이 모든 어긋남이 꼭 현이 때문인 것 같았다. 현의 지철을 향한 원망이 자신을 그렇게 만든 것이라 여겨졌다. 생각이 여기에 이르자, 현과 명이가 자신을 비웃고 있는 것처럼 보였다. 지철은 현에 대한 분노로 이성이 마비되고 말았다. 현을 만나려고 하지도 않았고 명이에게는 "니, 나를 무시하나? 니, 아직도 현이 생각하제?" 하면서 패악을 부리다가 "니조차 나를 버리믄 난 죽을 수밖에 없데이." 하면서 갈팡질팡했다.

한동안 동네는 이들에 대한 이야기로 술렁거렸다. 현의 귀에 토막토막 들려오는 이야기의 중심에는 스승과 부모님이 있었다. 스승과 명이, 지철은 희생된 사람으로 설명되어지고 있었다. 헝클어진 실타래를 푸는 방법은 현과 현의 어머니가 이 마을을 떠나는 것이라고 의견을 내놓는 사람들도 있었다. 스승의 제자들은 이 의견에 마음을 보태기 시작했다.

"스승님이 수련장에 나오지 않은 지 한참 됐제?"

"우리 마을 꼬라지가 지금 말이 아이다. 니 어머니 때문이라고 마을 어른들이 그라데."

"결자해지라고, 니가 어머니 모시고 이 마을을 떠나는 수밖에 없을 것 같다."

이제 현은 자신의 아픔만 끌어안고 무너져가는 사람들을 가만히 보고 있을 순 없었다. 몇 년 전 깊은 동굴 속에 가둬두었던 어머니의 울음소리와 스승님 엄한 목소리를 다시 세상 밖으로 드러내어야 함을 현은 직감했다. 하지만 차마 어머니께 직접 물어볼 순 없었다. 용기를 내어 스승을 찾아갔다.

스승의 눈은 초점이 없어 보였다. 얼굴도 퀭했다. 그러나 스승은 입을 열지 않았다. 다만 다른 사람의 말보다 오직 어머니께 들으라고 충고할 뿐이었다.

현은 수숫대처럼 말라가는 어머니 앞에 말없이 무릎을 꿇고 기다렸다. 미동도 없이 누워 있던 어머니가 긴 한숨을 내뱉었다. 가슴속에서 뻗어 나온 고통의 신음 소리와 더불어 목소리가 딸려 나왔다.

"명이가 니를 헤어지게 하고 철이를 저렇게 폐인으로 만든 것은 모두 나 때문인 기라. 이 모든 것이 내 업보다."

업보

수열과 태수는 한 동네에서 자라면서 같은 스승 아래에서 석공으로서의 꿈을 같이 가진 친구였다. 서로간의 우정은 같이 보낸 시간만큼 단단해져 갔다. 그러나 우정으로 가득 차 있는 두 사람의 마음을 비집고 스승의 딸 영지가 조금씩 자리 잡기 시작했다. 두 젊은이의 마음에 봄이 온 것이었다. 노란 개나리가 피기 시작했다.

수열은 스승이 말하는 위대한 석공의 꿈보다 이곳에서 스승의 뒤를 이으면서 영지와 살고 싶었다. 그런데 문제는 태수의 눈도 언제나 영지를 찾고 있다는 것이었다.

친구인 태수에게 석공의 위대한 길은 양보할 수 있었다. 하지만 영지는 포기할 수 없다고 수열은 생각했다. 우정과 사랑을 사이에 두고 수열은 수렁 속을 헤매고 있었다.

그러던 중 수열이 태수와 영지가 사랑을 속삭이는 장면을 목격하고 말았다. 수열은 눈이 시렸다. 아니 몸속 피는 그 흐름을 멈추었고 이성이 마비되었다. 수열의 작은 소망이 사라지고 있었다. '차라리 보지 말걸!' 제 눈을 찌르고 싶었다.

깊은 고뇌의 폭풍우가 지나가고 다시 이성은 냉정을 되찾았다. 태수를 위해 영지를 포기했다. 자신이 우정과 사랑을 지켰다는 사실이 오히려 자랑스러웠다. 나라의 부르심을 받는 제자와 자신의 딸은 결혼시키지 않겠다는 스승의 말을 기억하면서 수열은 석공의 꿈만을 가슴에 담았다.

그 힘겨운 견딤의 시간을 무색하게 만든 더 큰 폭풍우가 수열을 기다리고 있었다. 스승이 나라의 부름에 태수를 추천한 것이었다.

그 속에는 영지와 태수의 욕심이 똬리를 틀고 있었다. 즉 수열에게는 영광을, 자신의 딸과 태수에게는 사랑을 주려했던 스승의 뜻을 속이고 사랑하는 연인인 태수의 손에 영광과 사랑을 모두 쥐어 주고 싶었던 한 여인의 욕심이 숨죽이고 있었다. 그 사실을 알게 된 스승의 분노는 대단했다. 이미 태수의 아이를 가진 영지를 집에서 쫓아내 버렸다.

그리고 수열을 자신의 후계자로 발표했다. 쫓겨난 영지는 아들을 낳았고, 현이라 불렀다. 현이 네 살 되던 해에 태수는 죽음으로 돌아왔다. 부처님의 눈을 마무리 하던 중 동료 석공의 실수로 굴린 돌에 맞아 땅에 떨어졌다는 소식을 영지는 눈물 한 방울 흘리지 않고 들었다. 다시금 회오리는 깊은 물속으로 잠겨들었다.

화해

현을 익사시킬 듯 달려들던 의문들이 하나둘 그 형체를 드러냈다. 의문의 빗장이 풀렸다. 부모님 세대의 악연이 그 자식들에게 불행으로 재현된 것이었다. 현은 자신을 쳐다보던 스승의 복잡한 눈빛이 이해되었다.

석공으로서의 영광을 드러내는 일에 집착하는 어머니의 마음이 보이기 시작했다. 스승의 끝없는 상처도, 허무하게 보내버린 어머니의 허깨비 같은 삶도 현이 감당하기엔 너무 컸다.

무기력에 빠져버린 지철뿐만 아니라 어머니처럼 살아갈지도 모를 사랑하는 명이도 감싸 안아야 했다. 인생이라는 거친 파도가 뱉어낸 불행들이 조각조각 온 사방에 널브러져 있었다. 두려웠다. 흩어진 조각들을 하나하나 끼워 맞춰 제자리를 찾아 줄 수 있을까?

뒤엉켜 버린 악연을 풀어낼 자신이 없었다. '부처님 왜 저에게 이런 시련을 주십니까?' 부처님이 원망스러웠다.

원망이 커질수록, 두려움이 커질수록 부처님의 환상이 더 자주 나타났다. 환상에 등장하는 부처님은 시무외인(施無畏印) 여원인(與願印)의 수인(手印)을 하고 있었다.

'모든 고통 받는 중생들은 모두 나에게로 오느라, 내가 너희의 소원을 들어주겠다.' 부처님의 인자하신 목소리가 가슴을 적셨다. 어머니와 스승, 지철과 명이, 그리고 자신이 겪고 있는 모든 고통도 부처님의 손에서 해결되고 있었다.

안갯속에 갇혀 있었던 현의 눈이 환해졌다. 질긴 악연을 풀어줄 곳은 바로 부처였다. 명이와 사랑을 꿈꾸며 바라보았던 편편한 바위벽 앞에 섰다. 부처는 임금과 귀족들만의 것이 아니었다. 가난한 백성들의 부처이기도 했다. 현재를 살아가는 백성들이 마음껏 하소연할 수 있는 부처가 필요했다.

현은 부처님이 자신에게 준 과제를 받아들이기로 마음먹었다. 위대한 석공의 길이 바로 여기에 있었다.

먹지도 자지도 않고 현은 불상조각에만 매달렸다. 얼마의 시간이 흘렀는지 알 수 없었다. 현은 부처만 생각하고 생각했다.

드디어 모든 정성과 열정이 담긴 부처님이 현의 눈앞에 그 모습을 드러냈다. 그 부처가 자신의 머리를 쓰다듬으며 웃었다. 허깨비 같은 어머니, 눈물을 삼키는 명이, 가슴에 시퍼런 칼을 품고 있었던 스승이 같이 웃고 있었다. 어머니에게는 평온함이 깃들어 있었다. 명이의 입에서는 맑은 소리가 났으며, 스승은 칼 대신 연꽃을 안고 있었다. 그 옆에 다시 당당해진 지철이도 보기 좋았다.

현은 자신이 만든 삼존불 옆에 조용히 결가부좌를 틀었다. 맑은 향기가 났다. 의식은 깊고 깊은 원시림 속으로 빠져들었다. 그리고 시간을 잊었다.

사람들이 큰 바위 절벽에 새겨진 세 분의 부처님을 보았다. 그 크기에 두려웠고, 더 큰 인자한 미소에 가슴이 벅찼다. 그리고 그 밑에 명상에 잠긴 듯 미동도 없이 앉아 있는 현의 모습에 놀랐다. 현은 잠자듯 결가부좌 자세로 숨이 멎어 있었다.

"와, 대단하제, 저 부처님 좀 봐라."

"나라님이 인정하는 부처님을 만들고 싶다더니, 여기 만들어 놨네."

사람들은 현이 완성한 삼존불 앞에서 연신 절을 하기 시작했다.

"맛있는 것 다 먹고 사는 나라님이 뭐가 그리 걱정이고, 배고픈 우리가 불쌍하제."

"그래서, 현이 이렇게 떡하니 우리를 위해서 부처님을 모셔놨잖은가."

"자신을 버리고 우리를 위해 부처님을 모셔왔구먼."

삼존불 앞에 모여든 사람들은 숨이 멎은 현에게도 손을 모으기 시작했다. 군중들 속에 수열이 있었다. 그 오랜 기간 동안 조금씩 밀려오는 욕망과 복수의 밀물이 목구멍까지 차올라 숨쉬기조차 힘들어진 수열이었다.

만조기의 파도는 작은 바람에도 요동쳤고, 꼴깍꼴깍 그 소금기 가득한 짠 맛을 삼켜야 했다. 그 소금기를 밀어내느라 쪼그라든 수열의 눈앞에 환한 빛이 보였다. 사람들의 칭송과 달리 현이 만든 삼존불상이 예술적 솜씨가 뛰어난 것이 아님을 수열은 알 수 있었다.

그러나 그 열정이 보였다. 무엇보다도 수열의 눈을 환하게 한 것은 삼존불이 아니라 현의 고요한 모습이었다. 현의 얼굴은 복수의 노예가 되어버린 수열의 잘못을 용서하고 오히려 위로하고 있었다. 갑자기 수열의 몸에 물기가 돌았다. 오래 축척된 소금기가 썰물처럼 빠져나가고 그 빈자리에 맑은 물이 채워지고 있었다.

늘 술에 찌들어 스승과 현을 원망했고, 그 미움을 애꿎은 명이에게 풀었던 지철은 거대한 삼존불의 모습에 기가 질렸다.

온몸에 소름이 돋았다. 어른들의 운명놀이에 희생양이 되어버린 명이를 아껴주라고, 행복하라고 하는 현의 목소리가 들려왔다.

'현이 꿈을 이룬 것인가?' 지철의 눈에는 현이 행복해 보였다. 현을 의심하고 미워했던 자신을 용서한다고, 예전처럼 자신감을 가지라고 말하고 있었다. 현의 마음이 지철에게 와 닿았다. 자신의 옹졸함을 용서하라고 말하는 지철의 눈에는 후회와 감사의 눈물이 흐르고 있었다.

지철 옆에서 명이는 그 애절함을 온몸으로 나타내고 있었다. 명이 소리가 새어 나갈까 봐 입을 틀어막았지만 흔들리는 어깨는 어쩔 도리가 없었다. 마음은 모두 현에게 줘 버렸기에 지철에게 줄 것은 동정뿐이었다. 그래서 지철의 폭력을 묵묵히 견뎠다. 그 폭력을 견디면서 오히려 명이는 살아갈 힘을 얻었다. 그런 명이의 모습이 지철을 더 힘들게 한다는 생각을 하진 못했다.

삼존불을 완성하고 잠자듯 있는 현을 보고 안절부절못하는 지철이 이제야 명이의 눈에 들어왔다. 명이의 눈물은 이런 맥락에서 흘리는 것이었다. 현은 이제 자신이 원하는 바를 다 얻었음을 명이는 평온한 현의 얼굴에서 알 수 있었다. 명이는 이제 평안히 지철의 여자가 될 수 있었다.

사람들의 부축을 받으며 겨우 서 있는 영지는 현을 쳐다볼 수가 없었다. 이 모든 악연의 출발이 자신에게 있었음을 누구보다도 잘 알고 있기 때문이었다. 채우지 못한 자신의 욕심을 아들 현에게 짐 지우고 채찍질했다.

그 채찍질이 수열의 분노를 더 키웠음을 몰랐다. 단지 꿈을 이루지 못하고 사라져버린 태수만 보았다. 자신도 모르게 저질러 버린 잘못이 만들어낸 폭풍을 현이 온몸으로 막아낸 것이다. 또한 그 아들이 아버지의 꿈도 같이 완성시켜 주지 않았는가.

'현아, 미안하고 또 고맙다.'

갑자기 벌떡 일어난 수열이 망연자실하고 있는 지철을 흔들었다.

"뭐하고 있느냐, 쉽게 현을 보낼 수는 없지 않느냐. 석공으로서 위대한 불상을 만들고 싶다는 꿈을 벌써 잊었느냐?"

지철의 머리에 종소리가 울렸다. 스승의 뜻이 환하게 눈앞에 나타났다. 수열과 한쪽 팔을 잃은 지철은 삼존불 옆에서 현을 조각하기 시작했다. 수열과 지철의 얼굴에도 현처럼 엷은 미소가 떠올랐다.

이렇게 현은 거대한 삼존불 옆에 그 삼존불을 지키는 부처로 거듭났다. 이 이후 삼존불과 그 옆에 있는 여래좌상은 백성들의 고달픈 삶을 어루만져 주는 화해와 평화의 상징이 되었다. 그 마을 사람들은 가족 중에 누군가 아프거나, 안 좋은 일이 생기면 하나, 둘 이곳에 들러 그 해결을 부탁하기 시작하였다. 언제부터인지 모르게 주변 마을의 사람들도 이곳에 들러서 소원을 빌기 시작했다.

부처의 코를 갈아 먹으면 아들을 낳는다는 속설이 있다. 그러나 이곳은 코가 아니라 부처의 눈을 갈아 먹어야 소원이 이루어진다는 이야기가 전해진다. 명이와 지원이가 현을 그리워하면서 자주 부처님의 눈을 어루만진데서 유래되었다고 한다. 그래서인지 이 삼존불과 여래좌상은 눈이 많이 마모되어 있다.

지금도 삼존불과 여래좌상 앞에는 항상 사람들이 붐비고 있다. 이혼 직전의 부부가 이곳에서 화해를 하기도 하고, 대학 진학을 앞둔 아들의 진로를 반대하던 아버지도 이곳에서 완고한 마음을 바꿔 아들을 이해하게 되었다. 부모님이 반대하는 결혼을 기어이 하려는 딸도 이곳에서 부모님의 마음속에 깃들어 있는 자식을 향한 사랑을 볼 수 있게 되었다.

이것은 사람들의 평화와 행복을 위한 부처를 조각하다가 자신도 부처가 되어버린 석공 현의 소원이 지금까지도 잘 이루어지고 있다는 증거일 것이다.

삶이 너무 힘들 때, 누군가와 화해가 필요할 때 우리도 부처가 된 석공 현을 만나러 가볼까요?

▣ 문명숙

『문학저널』 수필 부문, 월간 『문학세계』 시 부문 등단. 경북문화체험 전국 수필대전, 전국 독도문예대전, K-water 물사랑공모전, 제2회 경북스토리텔링 일상이야기 수기 우수상 수상. 영주문예대학 제4기 수료.

| 스토리텔링 |

부석사와 콩 일화(逸話)

송영숙

영주에 살면서 규모도 웅장하고 목조건물 구성의 아름다움을 지닌 무량수전(無量壽殿)을 너무너무 사랑한다. 우리나라 목조건물로는 가장 오래된 부석사(浮石寺) 무량수전(無量壽殿)을 보면서 그 아름다움에 푹 젖어 있는 셈이다.

무량수전(無量壽殿) 앞 건물인 안양루는 공포불의 뛰어난 양식으로 목조건축 양식의 진수를 나타내고 있다. 그리고 의상대사에 대한 선묘(善妙) 낭자의 지고지순한 사랑으로 삶의 부분 부분과 사람의 삶을 우선으로 하는 선묘 낭자의 활동이 그리웠다.

그래서 그것을 모르는 사람들에게 널리 알리고 그런 깨끗한 마음을 이어받았으면 하는 생각에 이 글을 이끌어가는 주인공으로서 막중한 책임을 가지고 있다.

의상은 진골 출신으로 625년(진평왕 47년) 김한신의 아들로 태어났으며 자세히 알 수는 없지만 유복한 가정에서 살았을 것이다. 열아홉 살에 불가에 귀의하게 된다. 나는 의상대사와 원효대사와의 관계를 알리고 나서 의상에 대한 이야기를 전개하고 싶다. 그 둘은 같은 신라인이면서 스님이지만 신분부터가 다르고 깨달음이 다르고, 생각 그 자체가 달라서 서로 불교에 귀의하여 구도의 길을 다르게 걸었다.

설화에 따르면 배를 타기 위해 가던 두 사람은 오늘 날의 충남 서해안 부근을 지나다가 심한 폭우와 허기를 만났으며 밤이 깊어져서 찾은 토굴에서 하룻밤을 지내기로 했다. 그런데 자다가 목이 타서 일어난 원효가 물을 찾았다. 마침내 물이 담겨 있는 바가지가 잡혀서 시원스럽게 마시고 나서는 또 곤한 잠에 빠져들었다.

그 다음 날 아침 눈을 떠보니 곁에 먼지가 가득 쌓여 있고 빗물이 괴어 있는 해골이 보였다. 두 사람이 하룻밤을 보낸 곳은 토굴이 아니라 허술한 무덤이었으며 원효가 물을 마신 바가지는 해골 바가지였다. 그것을 보고 나서는 그들은 구역질이 났고 원효는 거기서 깨달음을 얻어 당나라 유학길을 포기했다.

일체유심조(一切唯心造). 이것을 깨달은 원효는 발길을 신라로 돌렸고, 의상은 예정대로 당(唐)나라 유학길에 올랐다. 이들의 선택은 서로 다른 불교의 길로 이끌게 된다.

당나라로 건너간 의상은 병을 얻어서 양주성 수위장인 유지인(劉至仁)의 집에 머물러야 했다. 그때 그의 딸 선묘 낭자가 의상에게 연정을 갖게 되었다. 선묘 낭자의 정성으로 몸이 완쾌된 의상은 다시 길을 떠나 종남산 지상사 화엄종(華嚴宗)의 대종사인 지엄 스님을 찾아갔다.

지엄은 절간을 깨끗이 청소하고 그를 기다리고 있었다. 간밤에 큰 나무 한 그루가 해동에서 자라 그 가지들이 중국을 온통 덮어버리는 꿈을 꾸고 의상이 올 줄 알았다고 생각했다.

의상은 지엄 스님 밑에서 10년 동안 『화엄경』의 진수를 공부했다. 『화엄경』은 부처가 수도와 공덕을 쌓아 법계평등(法界平等)의 진리를 설법한 경전이다. 의상은 『화엄경』의 요지를, 7자를 1구로 하여 모두 30구에 담은 『법성게(法性偈)』를 지어 스승에게 바쳤다.

이것을 본 스승은 제자의 학문이 깊은 경지에 이르렀음을 기뻐해 마지않았다. 의상의 본격적 저술로 유일한 이 『법성게(法性偈)』는 오늘날에도 화엄종 절간에서 의식을 할 때마다 암송되고 있다.

이 무렵 신라가 당나라 세력을 나라 안에서 몰아내려 하자 당이 신라를 정벌하려는 계획을 세우고 있었다. 신라에서는 사신으로 왔다가 감옥에 갇혀 있는 김인문 · 김양도로부터 이 사실을 들은 의상은 곧 귀국길에 올랐던 것이다.

의상의 무사 귀국을 도운 선묘 낭자는 부석사(浮石寺) 터를 닦기 위해 이번에는 하늘을 뒤덮을 정도로 거대한 주위에 있는 너럭바위로 의상이 그 화엄의 뜻을 펼 장소를 수호한다. 일명 부석(浮石, 하늘에 뜬 돌)으로 소승 잡학의 거처를 하늘로 올렸다가 또 내리고 내렸다가 또 올리고 하니, 이들이 사방으로 흩어져 물러가고 그 자리에 화엄을 융성시킬 사찰을 세울 수가 있었다고 한다. 그리하여 사찰 이름은 '부석사(浮石寺)'라 명명하고, 의상대사를 '부석대사'로 일컫기로 한다. 거대한 바윗돌로 변하는 장면과 용으로 변신하는 장면, 이 두 장면은 화엄연기 〈의상도〉의 두 절정인데, 안타깝게도 바위로 변한 장면은 유실되고 없다.

선묘 낭자가 의상을 도와 귀국하려고 떠나올 때 그의 집에서 가지고온 흰콩 3개와 검은콩[黑豆] 3개를 의상의 옷을 지어온 장삼 소매 속에 고이 숨겨왔다고 한다. 그 당시만 해도 씨앗들을 숨겨 가지고 온다는 것은 자신의 목숨을 내놓는 일이라고 한다. 그리고 부석(浮石)이 하늘에 떠서 오르락내리락할 때 흩어지는 잡학의 무리 중 의상의 뜻에 남겠다고 들어오는 무리들이 있었다. 그들 중 한 명이 지극히 선묘 낭자를 잘 따랐는데 선묘 낭자가 그를 어여삐 여겨 그 씨앗들을 은밀히 그 사람에게 주어 잘 키우도록 하였다.

그는 사람들 모르게 그것을 받아서 간직하고 있었는데 그 사람의 이름은 후선(后善)이었다. 그는 선묘 낭자의 말에 항상 잘 따라주었고 선묘 낭자의 생각대로 잘 움직여 주었으며 농사일도 잘하는 사람이었다.

후선은 부석사(浮石寺) 절터 아래 조그마한 움집을 짓고 혼자서 농사일을 하게 되는데 선묘 낭자가 맡겨 준 흰콩과 검은콩을 땅에 심어서 싹이 트게 하였고 한여름 동안 무성하게 잘 키우면서 열심히 북을 주고 거름도 주었다. 콩(흰콩과 검은콩)은 그 원산지가 원래 중국이어서 검은콩은 당나라에서도 조금씩 작물로가 아니라 가약(家藥)으로 가꾸는 집들이 있었다고 한다.

그 당시 검은콩은 약콩으로 쓰였으며 콩알이 잘고 윤기가 났다. 다른 이름으로 '서목태', '쥐눈이콩'이라고도 한다. 요즘은 서리태, 흑대두(黑大

豆) 등도 있지만 그때의 검은콩은 공통된 약콩을 일컫는 말이었다.

후선은 한 해 동안 잘 길러서 큰 수확은 아니지만 열심히 노력한 대가로 거둔 것들을 선묘 낭자의 지시대로 그 이듬해에는 더욱 많이 수확하여 주위의 사람들에게 두루 나누어 주어서 조선시대에는 부석(浮石) 지역에 사는 사람들이라면 흰콩과 검은콩을 모르는 사람이 없을 정도로 많이 재배하게 되었고 부석(浮石)의 농가에서 좋은 수확을 얻는 특수작물로 자리매김을 하게 되었다.

무엇이든 거저 얻어지는 것은 이 세상에 하나도 없다는 것을 절실하게 느꼈다. 의상대사가 아니면 소백산 이 산골짜기에 우리나라에서 유명한 사찰 부석사(浮石寺)가 생겨나지 않았을 것이고 선묘 낭자가 없었더라면 의상대사가 무사히 이곳 부석(浮石)까지 올 수 없었지 않겠는가?

그리고 중국의 원산지인 콩[豆]이 선묘 낭자가 아니면 우리 영주시 부석(浮石)에서 콩을 재배해 부석태(浮石太)라는 콩이 태어나지 않았을 것 아닌가. 이런 것들을 생각하면서 나는 부석사(浮石寺)와 무량수전(無量壽殿), 선묘 낭자와 의상대사, 그리고 부석(浮石) 지방에서 부석태(浮石太) 또는 부석흑태(浮石黑太)라는 지명을 붙여서 태어난 곡식이 우연이 아니며 어렵게 콩을 가지고 온 결과라는 것을 너무나 감사하게 생각한다. 또한 우리나라의 명물로 자리 잡아 모든 사람들에게 관광의 명소가 된 부석사(浮石寺), 우리나라 목조건물로서는 최고(最古)인 무량수전(無量壽殿), 목조건축 양식의 진수를 보이는 안양루의 공포불이 자랑스럽다. 선묘 낭자와 의상대사의 극진한 사랑, 부석태(浮石太) 또는 부석흑태(浮石黑太)의 원조인 선묘 낭자가 당(唐)나라에서 몰래가지고 들어온 콩을 위해 많은 노력을 아끼지 않은 일을 잊지 않을 것이다.

약콩인 흑두(黑豆)에 따른 일화(逸話)는 조선 후기에 들어서면서 콩 농사를 짓는 가정들이 늘어났다.

집집마다 벼농사도 짓지마는 부석(浮石)은 산골짜기가 많은 산간 지방이므로 서숙, 기장, 보리, 밀, 감자 등 밭농사를 많이 하며 밭농사 중 콩 농사를 더욱 많이 하였다. 보리나 감자도 수월찮게 많이 짓지마는 유독 콩 농사를 많이 하게 된 동기는 선묘 낭자가 당나라에서 가지고 왔기 때문이다. 콩을 재배하는 농가가 많아서 가을이 되면 황토 흙으로 집집마다 마당을 바르고 깨끗하게 만들어 놓고 도리깨로 콩 타작을 하게 되는데, 콩 타작을 할 때면 아이들이 쫓아다니다가 엎어지거나 넘어지기 일쑤여서 콩 마당에 넘어지면 마마에 걸린다고 했다. 그러나 검은콩 마당에 넘어지면 천연두에 걸리지 않는다는 소문이 나서 일부러 검은콩 타작 할 때에는 아이들이 서로 넘어지기를 자처하면서 돌아다니고 있었다. 그래서 천연두나 어린이들이 많이 앓는다는 홍역도 옛날부터 내려오는 그런 소문을 힘입어 아이들의 병을 퇴치하기도 하였다.

나는 자라면서 홍역도 하고 마마(천연두)도 앓았는데 그것을 이겨내기 위해 우리 부모님께서 많은 공을 쌓고 노력을 많이 하였다. 그 당시의 모든 부모님께서는 집 아이들에게 많은 공을 들이지 아니한 부모가 없었다.

실제로 그 당시에는 윤감, 장질부사, 홍역, 천연두, 이질, 하루거리(학질)가 우리나라를 휩쓸고 지나가면 아이들에게 손도 못쓰고 별다른 약도 못쓰면서도 살아남기를 바란 때가 있었다. 우리들의 할머니, 어머니들이 정화수를 상에 받쳐 놓고 새벽마다 하늘에 빌고 빌 뿐이었으며 무슨 병인지도 모르기 때문에 약도 쓰지 못하는 실정이었다. 그때 천연두에 걸린 아이들이 옛날부터 전해 내려오는 검은콩 마당 전설을 기억해내고는 마마 병이나 다른 여러 가지 병을 이겨내는 힘을 길러내어 살아나는 일을 부모님들이 보아 왔다고 한다.

어떻게 되어서 그런지는 잘 모르나 사람들은 그럴 때마다 옛날부터 내려오는 말이지만 그 말에 신념을 갖게 되면서 할머니 · 어머니들이 하늘에 빌고 기도하는 일을 믿고 의지하였으며, 또 한편으로는 부석사(浮石寺)를 창건한 의상대사를 무사히 이곳으로 오도록 도와주신 선묘 낭자가 당나라에서 가지고 온 검은콩의 영험 덕분에 어린아이나 어른들이 전염병을 이겨낼 힘이 있다고 믿었으며 정신적으로 의지하고 있는 것이다. 그리고 그 검은콩 즉 약콩을 달여서 먹고 그 달인 물로 얼굴을 씻고 머리를 감으면 무슨 병이라도 막을 수 있다고 믿었던 것이다.

세월이 많이 흐른 오늘에 와서도 흑두(黑豆)를 약콩으로 많이 쓰는 것은 여러 가지로 효험이 많이 있기 때문이라고 사람들은 말하고 있다.

그때 나는 어머니에게 말했다.

"어머니 약콩을 볶아 주세요. 옆집 순칠이가 콩을 볶아서 주머니에 넣어 가지고 놀이터에 와서 먹고 있어요."

"안 된다. 이 콩은 부석사(浮石寺) 선묘 낭자님께서 함부로 먹지 말라고 했어."라고 하면서 우리 어머니는 그 검은콩(약콩)을 아주 귀하게 여겨왔다.

그 약콩의 효험은 놀랄 만큼 아주 많았다. 나는 그 약콩의 효험에 대해 알아보았다. 그 첫 번째로 눈에 들어온 것은 약콩 즉 검은콩에는 해독 작용이 뛰어나다는 것이었다. 그리고 남자들의 스태미나 증강에도 큰 효과가 있다고 한다. 검은콩은 그 맛이 달짝지근하고 성질은 순하며 옛날부터 부녀자들의 피부를 곱게 하는 영양소가 있으며 목소리도 곱게 만드는 약효가 있어서 많이 사용하던 식품이라고 한다. 또 한편으로는 피를 맑게 하면서 우리 온몸에 돌아다니는 그 나쁜 피를 맑게 순환시켜주는 효과와 체내 수분 대사를 잘 조절시켜주어서 이뇨작용을 잘하도록 해 준다고 한다. 해독작용이 좋아서 간과 신장 기능이 약한 사람들에게는 더욱 좋은 식품이라고들 한다.

"어머니! 나도 아버지만큼 큰 목소리 나게 약콩을 볶아주세요. 먹고 빨리 어른이 되게요."라고 철없이 어머니에게 졸라본 적이 있다.

"너는 아직 안 돼, 송아지가 하루아침에 어미 소가 되는 것 봤니?" 하시면서 약콩을 아끼시는 것을 보았다.

"그런데 어머니, 콩으로 만든 두부나 볶은 콩을 먹으면 소화가 잘 안 되는데 이유가 무엇일까요?"

"너는 그것도 잘 모르는구나. 콩에는 단백질이 풍부하게 들어 있는데, 단백질은 대부분 3~4시간 걸쳐서 소화되기 때문이란다. 그러므로 다이어트를 하는 사람들에게는 더없이 좋은 식품이지 않겠냐? 그리고 볶은 콩 많이 먹고 물을 많이 먹으면 설사를 할 수도 있어."

"그런데 사람들은 왜 콩이 좋다고 하나요?"

"그것은 네가 잘 모르고 하는 말이다. 콩 100그램에 단백질 40그램이 함유되어 있단다. 또 필수아미노산이 풍부하여 신장이나 혈관에 노폐물이 쌓여 있는 사람들에게는 더없이 좋은 식품이지."

"신장이나 혈관에 노폐물이 어떻게 해서 쌓이는지요?"

"너는 아직 젊어서 잘 모르는 것 같은데, 나이가 들어서 고기를 많이 먹게 되면 신장과 혈관에 노폐물이 쌓인다고 한다. 그래서 콩을 하루에 25그램을 먹으면 혈관 병을 예방할 수 있단다."

어머니를 통해 콩에 대하여 많은 지식을 알게 되었다.

두 번째로는 혈압이 높은 사람들이 혈압조절 하는 데에도 좋고 여성의 불감증을 개선하며 남성의 스태미나를 증강시켜준다고 한다. 아기를 가진 어머니에게는 모유가 많이 나게 하면서 갑상선항진증에 의해 취침 중 땀을 많이 흘리는 사람에게도 좋다는 평을 받고 있다.

친구 중에 김충식 이라는 중학교 동기가 있는데 그는 식은 밥을 먹는데도 땀을 비 오듯 흘리고, 밤에 잘 때에는 별로 덥지 아니한 데에도 땀을 뻘뻘 흘리면서 생활을 하는 친구이다. 그런데 검은콩(약콩)을 다른 약초와 더불어 달여서 복용 후에는 완전하지는 않지만 많이 좋아졌다는 말을 들었다.

"새벽에 산을 오르는 힘이 없는 사람에게는 돈을 빌려 주지 말라."라는 옛말을 기억한다. 왜 그런가 하니 모든 일을 할 수 있는 사람의 힘을 바로 그런 것으로 표현한다고 한다. 늙으면 힘이 없기 때문에 그런 말로 비유한 것 같다.

"어머니! 우리 아버지가 요즘 기운이 없는 것 같아서 오계 닭에다가 서목태와 함께 인삼을 넣어서 삼계탕이라도 끓여드려야지요?"

"너무 아는 체하지 마라. 너의 아버지는 자신이 더 잘 안단다."

어머니는 한 마디로 내 말을 칼로 무 자르듯 하면서 웃음보를 터뜨린다.

세 번째로는 갱년기 장애를 극복하는 데 효과적이라고 한다. 검은콩에는 에스트로겐(여성호르몬) 역할을 하는 이소플라본이 많이 함유돼 있어서 갱년기 장애를 극복하는 데 도움을 준다고 한다. 갱년기 여성이 호르몬 분비가 부족하면 골다공증 같은 증상이 나타나고 비만, 요통, 탈모 등이 생길 우려가 있단다. 그리고 검은콩 껍질에는 글리시대인과 안토시아닌이 들어 있어서 전자는 항암 작용을 하고 후자는 콜레스테롤 수치를 낮추어 주어 혈관을 보호해서 동맥경화나 고혈압 등 성인병 예방에 효과가 있다고 한다.

검은콩을 알고 나서 나는 수시로 콩 조림을 해서 먹거나 흑임자를 섞어서 반찬을 해먹으며 밥을 할 때도 그냥 쌀만으로 밥을 하지 아니하고 검은콩밥을 해 먹고 난 뒤 그 이후의 변화를 기대해 보기로 했다.

식당을 찾는 건강한 손님들 중에는 반찬 한 가지 한 가지 우리 옛날 어머니가 집에서 아무 조미료도 쓰지 아니하고 오직 손맛으로 만든 것 같은 밥상을 찾는 사람들이 많다. 그것이 우리 몸을 건강하게 이끌어 주기 때문이다. 조금 멀어도 입소문만 나면 항상 길게 줄을 서서 기다리다가 먹더라도 손님들이 찾아가는 식당을 보았다. 지금도 그런 식당 주인이 우리가 살아가는 주위에 많이 있어주기를 바란다.

검은콩의 종류와 그 종류별 효능을 간단하게 적어보기로 한다.

1. 서목태는 검은콩 중에 그 크기가 가장 작으며, 윤기가 반짝반짝 흐르면서 쥐의 눈알과 같다 하여 '쥐눈이콩' 또는 '약콩'이라고 명명한다. 맛이 고소하고 단맛이 들어 있으며 특히 신장이 약하거나 혈액 순환이 잘 안되는 사람(신장과 혈관의 노폐물 제거), 광물성 약재의 해독 작용에 좋다고 한다.

2. 서리태는 콩을 좀 늦게(하지 무렵) 심어서 늦가을 서리를 맞히고 나서 추수를 한다고 해서 붙여진 이름이라고 한다. 콩의 속껍질을 까면 파란색, 즉 연두색을 띄고 있는 것이 특징이다. 일명 '속청'이라고도 한다. 콩자반과 메주콩으로도 사용하며 청국장을 만드는 원료로도 쓰인다. 검은콩 껍질에 안토시아닌 성분이 많아서 장기적으로 복용하면 노화 방지를 해줘 검은 머리를 유지할 수가 있다고 한다. 이소플라본이라는 콩 단백질을 많이 함유하고 있어 갱년기 예방에 좋다.

3. 흑태는 검은콩 중에서 가장 굵은 콩으로 검은 껍질 속의 빛깔은 노란색이다. 콩밥이나 콩자반을 하는 데 사용하며 효능은 다른 검은콩과 비슷하고 둥글고 크다.

4. 부석태(浮石太)는 흰콩으로 알이 굵고 콩의 성분은 맛이 달고 고소하며 메주콩으로 사용하기에 적당하다.

영주시가 가장 발 빠르게 부석면 영부로 23번지에 '콩 과학관'을 설립해 부석태(浮石太), 부석흑태(浮石黑太)라는 이름을 작명으로 내놓아 본격적으로 콩을 연구하기 시작한 것이 2015년 4월부터이다. 다른 지역에서는 발걸음을 떼지도 않았는데 영주시에서는 확실한 발걸음을 내딛고 있는 것이 얼마나 다행인지 모른다.

우리나라에서 가장 유명한 사찰 부석사(浮石寺)가 우리 고장에 있고 그 중 우리나라에서 가장 오래된 훌륭한 목조건축물인 무량수전(無量壽殿)과 공포불 건축양식인 안양루가 이곳에 버티고 앉아 있다는 것만으로도 가슴 뿌듯한 자부심을 느끼기에 충분하다. 그 무량수전(無量壽殿) 동쪽 뒤편에는 선묘각(善妙閣)이 자리 잡고 있으며 그 당시로는 너무나 어려운 일을 한 선묘 낭자의 공덕이 우리 부석(浮石) 지역에 끼친 영향을 생각하면 선묘각 앞에서 저절로 고개 숙여진다. 그 당시 당(唐)나라에서 씨앗을 가지고 온다는 것은 목숨을 내놓는 일이기 때문에 우리 고장의 사람들은 감사에 감사를 거듭해도 좋을 것이라고 생각한다.

마지막으로 나는 선묘각 앞에 서서 선묘 낭자의 고마운 일과 의상대사의 설법을 떠올리고 우리나라 최고(最古)의 목조건물인 부석사(浮石寺) 무량수전(無量壽殿)과 선묘각을 쳐다보며 선묘 낭자가 몰래 가지고 온 콩으로 우리 지역 부석(浮石)의 이름을 딴 부석태(浮石太), 부석흑태(浮石黑太)가 생겨나게 된 것은 사람을 먼저 생각하는 훌륭한 선묘 낭자의 지고지순한 사랑의 결실이라고 생각해 본다.

참고문헌 : 「신재용의 음식궁합」, 『주부생활』
〈헤럴드경제〉 남민 기자 인터넷
황규원, 「원효와 의상 그리고 설총」

■ 송영숙

경북 영주 출생. 월간 『문학세계』 등단. 제1회 오일도전국백일장 대상 수상. 한국문인협회 영주지부, 경북여성문학회 회원. 영주문예대학 제4기 수료.

| 스토리텔링 |

동자삼

안 문 현

송팔봉과 금삼동은 말로만 들어온 신선봉으로 향했다. 거기에 가면 산삼이 지천으로 널려 있을 것 같은 생각이 들었다. 눌은밥 뭉치를 싸서 허리춤에 차고 죽령을 올라 신선봉을 향해 걸어갔다.

첫닭이 울 때 도솔봉 자락에 있는 집을 출발하여 해가 뜰 무렵 연화봉에 닿았다. 그리고 몇 시간을 더 걸어 흰 구름에 싸인 비로봉에 도착했다.

비로봉은 도솔봉이나 연화봉과는 달랐다. 천 년을 산다는 주목 군락을 지나 산 능선 위로 가니 풀만 보였고 간혹 있는 키 낮은 관목은 신기하게 가지가 한쪽으로만 자라 있었다.

바람이 구름을 순식간에 몰고 왔다 사라지는 모습이 신선의 세계에 들어선 것 같았다. 신라의 마지막 왕자 마의태자가 나라를 잃고 서라벌 쪽을 바라보며 한탄했다는 국망봉을 지나 상월봉을 넘어 신선봉에 닿았다.

신선봉의 평평한 바위 위에는 신선들이 바둑을 두다가 간 바둑판이 새겨져 있었다. 이곳에서 기다리다 보면 어쩌면 바둑을 두러 오는 신선을 만날 것 같았다. 신선봉 주위에서 산삼을 몇 뿌리씩 캐었다. 이곳에도 사람이 다녀간 흔적이 있고 산삼을 캐고 남은 구덩이가 여기저기 있었다. 인간이 산삼을 캐려고 신선의 영역까지 침범하니, 귀찮아진 신선들이 다른 곳으로 가버린 것 같다.

산삼은 영물이고 백약 중에 가장 뛰어난 양약이라고 한다. 옛사람들은 죽어가는 사람도 산삼을 먹이면 살아난다고 믿었다. 그래서 중국에 보내는 조공품이나 국가 간에 보내는 물품으로는 산삼이 최고로 꼽혔다.

삼국시대 때에도 국가 간의 조공품으로 쓰였고 조선시대 때는 중국에 매년 산삼이 조공품으로 수백 근 보내졌다. 소백산은 예부터 산삼이 많이 자랐다. 지천으로 널려 있던 산삼이 지나친 채삼 때문에 점점 사라져 갔다.

신라 성덕왕 갑술년(서기 734년)에 당나라 현제(玄帝)에게 신년 축하 사절을 보내는데 소백산에서 캐어낸 산삼 200근을 함께 보냈다는 기록이 있다.

조선시대에 들어와서도 중국(명나라)에 조공품으로 산삼을 보냈다. 소백산 밑의 농민들은 중국의 조공품을 채우기 위한 삼산 공출 때문에 많은 시간을 빼앗겨 농사를 지을 수 없을 정도였다. 공출할 산삼 양을 채우지 못하였거나 직접 채삼할 능력이 없는 농민들은 곡물을 팔아 산삼을 사서 공출할 수밖에 없었다. 그래도 공출량을 채우지 못하면 토지를 팔고 집도 팔았다. 중국에서 요구하는 산삼 조공량은 점점 더 많아졌다.

조정에서는 그 조공량을 채우기 위하여 소백산 밑의 농민들뿐만 아니라 전국의 산삼 산지 지역에 사는 농민들에게 채삼 공출량을 정하여 내려보냈다. 관리들은 중국의 눈치를 보느라고 채삼 공출을 하는 농민들의 힘겨운 삶의 무게를 덜어주지 못했다.

산삼 생산지 지역 농민들은 이사를 엄격히 금지당해 도망을 갈 수도 없었다. 전답 팔고 집을 팔아도 채울 수 없어 마지막에는 가족까지 노비로 팔려나가면서 부여된 산삼을 공출해야 하는 처참한 지경에 이르렀다.

당시 소백산 밑에서는 중국의 조공 물량을 채우기 위한 산삼 때문에 농민들이 몹시 억압을 받고 있었다.

풍기 두들(정구동)에 사는 농부 송팔봉은 농사일을 젖혀두고 매일 도솔봉을 오르며 산삼을 캤다. 팔봉이는 소백산 도솔봉 넓은 자락에 남들이 미처 개간하지 못한 땅을 개간을 하여 보리 심고, 조 심고, 콩도 심어 아내와 같이 알콩달콩 살며 딸과 아들을 두었다. 이제 아이들이 한창 뛰어놀 나이가 되어 농사일은 아내에게 맡기고 매일 망태기에 작은 괭이를 들고 집을 나섰다. 그렇다고 그가 산삼을 캐어 먹고사는 심마니는 아니었다.

관가에서 정한 산삼 공출량을 채워야 하기 때문에 농사일은 팽개치고 산삼을 캐러 다니는 것이다. 운이 좋은 날이면 몇 뿌리씩이나 캐기도 하였다. 같이 산을 오르는 이웃 친구 금삼동은 산삼을 캐러 갈 때 단짝이었다.

산에는 호랑이가 살아 사람을 해치기 때문에 혼자 가는 것은 위험했다. 몇 년 전에도 희방사 계곡 쪽에 채삼 작업을 나갔던 농부가 호랑이에게 잡아먹혀 뼈만 남은 것을 동네 사람들이 거두어 와 장례를 지냈다.

둘이서 산을 오르며 늘 이야기를 주고받았다. 삼동이는 입담이 좋아 구수한 이야기를 아주 잘했다.

"오늘은 동자삼을 한 뿌래기 캐면 좋겠는데."

"동자삼은 아니래두, 허탕 치지 않으면 좋겠어."

둘은 그렇게 이야기하며 높은 도솔봉 쪽으로 오르고 있었다. 도솔봉 주위 어디엔가 산삼 밭이 있다고 전해진다. 그러나 산 아래 두들에 사는 사람 중에 아무도 그 산삼 밭에 가본 사람은 없었다.

삼동이는 "내가 동자삼 이바구해줄게."하고는 이야기를 시작했다.

"옛날 소백산 비로봉 밑 삼가동에 효심이 지극한 부부가 살았는데 노모가 병이 들어 백방으로 수소문해서 용하다는 의원한테 약을 지어와 달여 드려도 효험이 없는 기라. 그런데 어느 날 스님이 시주를 얻으러 왔다가 보고 하는 말이 '한 가지 방도가 있는데, 할 수는 없을 것이다.' 라고 하는 게 아이가. 그래서 그 방도를 가르쳐 달라고 사정하니 대사는 난처한 표정을 지으며 '서당에 다니는 외동아들을 삶아서 그 물을 먹이면 낳는다.' 하는 게 아이가."

"아를 삶아!"

"그래."

"그래서 어떻게 됐노?"

"남자는 말 같지 않는 소리라고 화를 내면서 스님을 돌려보냈는데, 며칠을 고민하던 여편네가 '보소, 우리는 젊으니께, 아는 또 낳으면 될 게 아닝교. 어무이는 세상을 떠나면 다시 올 수 없으니께 스님 말씀대로 합시더.' 하는 게 아이가. 남편은 펄쩍 뛰었지만, 효심이 지극한 남편도 끝내 여편네 말대로 아들을 포기하고 어무이를 살리기로 한 기라. 그리고 서당에서 돌아오는 아를 삶아서 그 물을 어무이에게 먹인 기라. 어무이는 그 물을 먹고 거짓말처럼 털고 자리에서 일어나는 기라. 그런데 조금 있으니 외동아들이 삽짝 문을 열고 '아부지 어무이요, 서당 다녀왔니더.' 하고 들어오는 기라. 깜짝 놀란 부부는 부엌으로 달려가 솥뚜껑을 열어 보니 거기에는 사람을 닮은 커다란 동자삼이 삶겨 있는 기라. 그래서 그 효심이 어무이도 살리고 외동아들도 살렸다고 하잖나."

"재미는 있다만, 옛날 이바구겠지?"

"아이다. 진짜다, 우리 할매한테 들었다."

"그건 글코, 동자삼이 어떻게 생겼노? 정말 사람처럼 돌아다니나?"

"사람맹키로 생겼는데 머리 하나, 몸통 하나에 팔 둘, 다리 둘, 고추까지 달랬다 안 카나."

"니 봤나?"

"나도 이바구만 들었재."

그날은 운이 좋아 팔봉과 삼동은 산삼 두어 뿌리씩 캐었다.

몇 년이 지났다. 도솔봉 일대뿐만 아니라 소백산 전역에서 산삼을 구하기는 하늘에 별 따기처럼 어려워졌다. 십여 년 전까지도 지천으로 널려 있던 산삼을 조공품으로 수없이 캐어 내었기 때문이었다. 하루 종일 채삼 작업을 나가도 한 뿌리도 캐지 못할 때도 있었다. 관가에서 산삼 공출을 재촉했다. 정해진 양만큼을 못 내면 온갖 박해를 가해 왔다. 풍기 고을 원도 속이 탔다. 조정에는 산삼 백여 근을 책정하여 보내라 하니 그 양을 채울 수가 없었다.

채삼 작업을 나간 농민들 중에 운이 좋아 많이 캐어 온 사람들도 다음 공출을 대비하여 말려서 장롱 깊숙이 감추어버렸다. 뿐만 아니라 산삼이 금보다 비싸게 팔리니 멀리 외지 사람들까지 몰려와 소백산에 간혹 남아 있는 산삼을 캐갔다. 할당량을 채우지 못하여 관가에 끌려가 고초를 받은 농민들은 양을 채운 농민들이 간혹 숨겨둔 산삼을 양식을 주고 바꾸어 와서 당장 관가에서 끌려가 당하는 고초를 면했다. 그렇게 몇 년을 버티다가 끝내는 집을 팔고 토지도 팔아 당장 발등에 떨어진 불을 꺼야 했다.

송팔봉도 농사는 아예 아내에게 맡기고 도솔봉을 헤매도 한 뿌리도 캘 수 없었다. 멀리 묘적봉을 지나 예천 쪽으로 가보았다. 마찬가지다. 관가에서는 매일처럼 독촉이 나왔다. 견디다 못해 몇 년 전 삼동이와 둘이서 신선봉에 가서 산삼을 몇 뿌리 캐어 왔던 것을 기억하고 죽령을 넘어 비로봉을 지나 신선봉으로 향했다. 그러나 신선봉 일대도 마찬가지였다. 아주 많은 사람이 다녀간 흔적만 남아 있었다. 싸온 주먹밥도 떨어지고 허기진 배를 채우려고 잔대와 도라지와 산나물도 뜯어서 생으로 먹었다.

희방폭포 근처에서 날이 저물었다. 밤길의 큰 짐승들이 위험해서 애기 울음소리가 들리는 외딴집에 들어가 하룻밤 재워줄 것을 청했다.

환갑이 넘은 할머니가 애기에게 젖을 물리고 있고 옆에는 남편인 듯한 늙은 할아버지가 있었다. 늙은 부부에게 청하여 부엌 옆방을 빌려 자고 가기로 했다. 그들은 머리는 하얗게 세었지만 젊은이들처럼 힘도 있어 보였다.

팔봉이는 "아기가 손자이겨?" 하고 물어봤다.

"아니, 아들이니더."라는 할머니 말에 팔봉이는 어리둥절해졌다.

환갑이 넘은 할머니가 아이를 낳다니? 옆에 있던 할아버지가 말을 거들었다. 할아버지는 자식이 없어 대가 끊어지게 되었는데 어느 날 스님이 지나가며 "동자삼을 구해 먹으면 아이를 낳는다."라고 했다. 그 말에 할아버지는 대를 이을 생각에 매일 소백산 일대로 동자삼을 찾아 다녔다.

몇 달을 삼을 캐러 다니다가 어느 날 동자삼을 캐어 와서 할머니에게 달여 먹였다. 그 후 환갑이 넘은 할머니가 생리가 돌아오고 한 달 후 태기가 있어 태어난 아기라, 동자삼이 환생한 업둥이라고 했다. 팔봉이는 삼동이가 하던 동자삼 이야기를 생각하며 동자삼 효력의 이상한 힘에 끌려 들어가고 있는 기분이 들었다.

이튿날도 지친 다리를 이끌고 험한 산을 헤매도 산삼은 보이지 않았다. 몇 년 전만 하여도 하루에 한두 뿌리는 캐었는데 이제는 이틀을 산속을 헤매고 다녀도 한 뿌리도 캘 수 없었다.

빈손으로 돌아온 다음 날 관아에 끌려갔다. 다른 사람들은 할당량을 채우는데 송팔봉은 채우지 못했다고 곤장을 때릴 것같이 위협하며 내일까지 가져오란다. 힘없이 터벅터벅 걸어 나와 아내가 힘겹게 농사지은 곡식 가마니를 지고 친구 삼동한테 찾아가 사정을 했다.

삼동이도 자기에게 할당된 양을 겨우 채웠다. 삼동이는 근래에 같이 다니던 아랫동네 사는 동철이가 운 좋게 한꺼번에 여러 뿌리를 발견하여 캐던 것을 생각하고 같이 가서 사정하여 곡식 다섯 가마니와 바꾸어왔다. 겨우 할당량의 반을 가지고 가서 바쳤다.

이런 와중에 돈 많은 부자들은 암암리에 산삼을 사들였다. 운이 좋아 산삼을 많이 캔 사람들은 책임량을 바치고 나머지 양을 몰래 팔았다. 부자들은 그렇게 나온 산삼을 헐값에 사들여 비싸게 팔거나 토지와 바꾸었다.

송팔봉은 올해는 그럭저럭 산삼 공출량을 채웠다. 앞으로가 문제였다. 이곳에 살며 생명이 붙어 있는 한, 해마다 같은 고통에 시달려야 했다.

해가 바뀌었다. 산에 올라가도 산삼을 구할 길이 없어 돈 많은 부자에게 몇 마지기 토지를 넘겨주고 할당된 산삼량을 채웠다.

팔봉이처럼 토지를 넘겨주고 살 길이 막막해진 이웃들 중에는 이사가 금지되었지만 이판사판 고을을 떠나 멀리 이사 가는 사람들도 많이 생겨났다.

팔봉이는 이렇게 사느니 차리라 부잣집 노비로 들어가 사는 것이 낫겠다는 생각이 들었다. 관가나 부잣집에 노비로 들어가면 육체적으로는 고되지만 이런 고생은 안 해도 될 것 같았다.

다음 해 팔봉이는 큰마음을 먹고 못 채운 산삼 공출 대신 관가에 가서 관노가 될 것을 자청하였다. 그리고 노비가 되었다. 관노가 되어 관청 안팎을 청소하고 담장 주위의 풀을 제거하고 말을 키우는 일은 농사짓는 일과 산삼을 캐러 다니는 것보다 쉬웠다.

팔봉이 풍기군 관노로 들어간 다음 해인 중종 36년(1541년)에 풍기군수로 신제 주세붕 선생이 부임했다. 조정의 요직을 거쳐 풍기군수로 부임하자 제일 먼저 안향 선생이 공부하던 숙수사 옛터를 방문했다. 그리고 군정을 살피며 관내에 소백산이 있어 농민들이 공출할 산삼을 채취하러 다니느라고 농사를 지을 수 없어 고을이 피폐해져 있다는 것을 알았다. 토지 팔고 집 팔아 산삼 공출량을 채우고 끝내는 정처 없이 가족을 데리고 떠나는 농민들의 이야기를 듣고 몹시 가슴 아팠다. 그렇다고 조정에서 요구하는 산삼 할당량을 지방 고을원이 거부할 수도 없었다.

'산삼 공출량을 채우고도 농민들이 안심하고 농사를 지을 수 있는 방법이 없을까?' 군수는 고심하다가 소백산을 비롯해 전국 산에서 자라는 산삼 씨앗을 받아 재배하면 될 것이 아닌가 하는 생각에 이르렀다. 조정에 있을 때 어떤 지방에서 몰래 가삼을 재배한다는 소문을 들었던 기억이 났다.

군수는 농부들을 만나 산삼의 생태를 알아보고 연구하여 인공적으로 재배하기로 했다. 그런데 뜻밖에도 군수의 말을 관리하는 노비 송팔봉이 산삼에 대한 해박한 지식을 가지고 있다는 것을 알았다. 그리고 송팔봉이 채삼공출을 견디지 못해 스스로 노비가 되었다는 사연을 듣고 군수는 너무 가슴이 아파서, 산삼의 인공 재배를 성공시켜 이 땅에 이런 슬픈 일이 다시는 일어나지 않게 만들겠다고 다짐했다.

주세붕 군수는 산삼을 채취하느라 고통을 겪는 농민들을 만나 이야기를 들으면서 송팔봉의 산삼에 대한 지식을 귀담아 들었다. 잘 익은 산삼 씨앗을 구하여, 송팔봉이 말한 산삼 생장 조건에 알맞은 금계동 임실 마을에 실험포를 만들고 산삼 씨앗을 뿌렸다.

그러나 여름이 지나고 가을이 되어도 발아하지 않아 걱정이 되었다. 실패한 것이 아닐까?

이듬해 봄 조그마한 산삼이 귀여운 나래를 펴고 올라왔다. 여린 산삼 묘를 여러 가지 조건으로 나누어 환경을 달리 해서 기르게 하였다.

군수의 명을 받은 송팔봉은 온 정성을 다해 어린 산삼을 길렀다. 그중에는 제법 잘 자라나 첫해에 앙증맞은 꽃을 피우는 것도 있었다. 햇빛을 바로 보는 곳은 여름의 강한 햇살을 이기지 못하고 어린 산삼 묘가 죽어 버렸으나 갈대를 엮어 그늘막을 만들어 준 곳은 잘 자랐다.

마침내 산삼 재배가 성공했다. 주세붕 군수는 날아갈 듯 기뻤다. 다음 해부터는 농가에 산삼 재배법을 보급하기 시작했다. 소백산에 간혹 남아 있던 산삼의 씨앗 딸기가 빨갛게 익을 5~6월에 씨앗을 따와서 각 농가의 울타리 밑에 심고 바람이 잘 통하게 하고 갈대를 엮어 그늘막을 만들어 주게 하였다. 농부들은 정성을 다해 길렀다.

산삼을 인공 재배한다는 소식은 고을 주민들을 통해 퍼져 나갔다. 산삼을 인공 재배를 해서 약효가 떨어진 것을 명나라(중국)에 조공품으로 보냈다가는 큰 문제가 생긴다. 명나라에서 조공품을 속이려 했다고 여겨 국가 간의 큰 문제가 발생할 뿐만 아니라 그 삼을 보낸 군수나 공출을 한 농민도 처형을 당할 수 있다.

그 무렵 중종 임금의 명을 받고 영남 일대의 암행을 나선 어사 박준일의 귀에도 산삼 재배 소식이 들어갔다. 박준일 어사는 풍기 군수가 농민의 고행을 해결한다는 명분으로 한 이 무모한 도전에 기가 막혀 풍기군 일대를 잠행하며 금계동의 산삼 시험 재배포에 가보았다.

어사는 송팔봉과 만났다. 그리고 농민들을 만나 채삼 공출 때문에 생활 자체가 피폐해진 사정을 알게 되었다. 그러나 인삼 재배는 잘못되면 명나라와 문제가 일어날 수 있는 중대한 사건이었다. 그렇다고 어사출두를 하여 군수가 농민을 위해 만든 인삼 재배 실험포를 철거하거나 방해할 생각은 없었다.

박준일 어사는 주세붕 군수를 찾아갔다. 그리고 자기의 신분을 밝히고 산삼 재배를 중지하도록 종용했다.

"인공 재배한 산삼의 약효가 떨어지면 조공품을 속이는 중죄가 됩니다."

"산삼의 씨를 받아 재배해도 약효가 다르지 않을 것을 확신합니다. 콩씨를 심어도 같은 콩이 달리는 것처럼."

"말처럼 되지 않을 때는 군수의 목숨을 내어놓아야 할 수도 있습니다."

"설령 일이 잘못되어 목숨을 내어놓는 한이 있더라도 이 일은 농민을 위해서나 조선을 위해서 꼭 이루어야 할 일입니다."

"당장 출두를 시켜 산삼 시험포를 없애 버릴 수도 있습니다."

"어사께서는 그럴 수도 있지만 농민을 위해서 이번 일은 못 본 체하여 주십시오."

어사는 주세붕 군수를 만나고 나오며 이런 목민관이 있어 얼마나 다행인지 모른다는 생각이 들었다. 군수는 농민을 위해, 조선을 위해 생명의 위험까지 무릅쓰고 혁신적인 일을 하고 있다고 생각했다.

어사는 임금께 '채삼 때문에 피폐해진 소백산 밑의 농민 생활상과 그것을 극복하기 위한 주세붕 군수의 헌신적인 노력, 산삼의 인공 재배 필요성' 을 써서 상소문으로 올렸다.

이제 농가마다 울타리 밑과 밭 일부에 산삼을 재배하게 되었다. 주세붕 군수는 그동안 관아의 산삼 시험 재배포를 맡아 기르게 했던 송팔봉의 노비 문서를 없애고 두들 집으로 돌아가 농사를 짓게 했다.

송팔봉은 도솔봉 자락의 아직 개발되지 않은 비스듬한 산을 개간하여 토지로 만들었다. 그리고 산삼 씨앗을 구해왔다. 집집마다 울타리 밑이나 밭가에 삼을 기르니 씨앗을 구하기가 쉬웠다.

명종 원년(1545년) 풍기군수 주세붕은 성균관 사성으로 발령이 나서 풍기를 떠났다. 송팔봉과 풍기의 농민들은 대대로 이어온 멍에처럼 얽매였던 채삼 작업에서 벗어나게 해준 군수가 떠나는 것이 서운했다. 주세붕 군수는 4년 동안의 짧은 기간 동안, 수백 년간 누구도 하지 못한 업적을 남기고 떠났다. 그는 우리나라 최초의 서원을 세워 학문을 일으켰다. 그보다 더 큰 일은, 수백 년 동안 조상 대대로 이어오며 채삼 작업에 시달리던 농민들을 그 고통에서 영원히 벗어나게 하고 부를 이룰 수 있게 한 일이다. 주세붕 군수가 떠난 뒤 주민들은 그의 공덕비를 세웠다.

산삼 공출을 견디다 못해 팔봉이가 스스로 관노가 되어 들어간 지 반년도 안 되어 이웃에서 다정하게 지내던 삼동이는 집과 토지가 모두 넘어가 식구들을 데리고 정처 없이 떠나갔다. 그러던 삼동이가 산삼의 인공적인 재배에 성공하였다는 소식을 들었다. 관노에서 풀려난 팔봉이가 밭에다 대규모 인삼을 재배한다는 소문을 듣고 식구들을 데리고 다시 찾아왔다. 거지처럼 초라한 차림으로 낡은 이불 보따리를 이고지고 아내와 같이 아이들을 앞세워 돌아오는 삼동이를 부여안고 팔봉이는 소리 내어 울었다.

삼동이네 식구와 같이 살면서 삼동이가 살 집을 짓기 시작했다. 두 집 식구가 힘을 합쳐 한 달도 안 되어 집이 완공되었다.

삼동이는 팔봉이 밭 옆에 아직 개간되지 않은 산자락을 개간하여 인삼 농사를 짓기 시작하였다. 인삼은 잘 자랐다. 몇 년 후에는 해마다 관아에서 정하는 양을 캐어내어도 표가 안 날 정도의 삼밭이 되었다. 조금씩 캐어 팔기 시작하였다.

타 지방에서도 공출할 삼을 사가면서 삼 재배법을 배워갔다. 송팔봉은 지난날 공출량을 채우지 못해서 팔았던 토지를 모두 다시 사들였다. 그리고 몇 년 후 안정들의 넓은 논과 영천 일대의 많은 토지를 사들여 부자가 되었다. 송팔봉뿐만 아니라 삼을 재배하는 농가는 모두 많은 돈을 벌었다. 풍기에는 인삼 재배가 정착되어 가면서 떠났던 사람들이 되돌아오고 피폐했던 농촌이 부농으로 바뀌어 갔다.

어느 날 삼동이가 헐레벌떡 달려오며

"예전에 도솔봉에 산삼을 캐러가면서 니는 동자삼을 못 봤다고 캤지?"

"그래, 니도 못 봤다면서."

"우리 밭에서 삼을 캐다가 동자삼이 나왔어."

"그래! 동자삼 먹고 환갑 넘어 아 낳은 할매 봤다."

"옛날 이바구겠지?"

"아이다, 진짜다, 내가 직접 봤다카이."

둘이서 삼동이가 들고 온 큼지막한 동자삼을 살펴보았다. 거기에는 머리도 있고 몸통에 팔 두 개, 다리 두 개 달리고, 다리 중간에는 고추도 조그맣게 달려 있었다.

▣ **안문현**

경북 안동 출생. 건국대학교 졸업. 월간 『문학세계』 시 부문 등단. 제2회 경북 스토리텔링 일상이야기 수기 우수상 수상. 문학세계문인회 정회원. 경북인터넷고등학교 교장 역임. 영주문예대학 제5기 수료.

| 스토리텔링 |

소백산 품으로 돌아온 여우 커플 이야기

장 경 숙

아기 여우 나랑이는 배가 고팠습니다. 엄마 여우는 나랑이를 사랑스럽게 바라보며 다정스런 목소리로 말했습니다.

"우리 아기가 배가 고프단 말이지?"

엄마 여우는 특별하고 맛있는 요리를 나랑이에게 먹이고 싶었습니다. 맛있게 먹는 예쁜 모습을 생각하며 나랑이를 앞세우고 먹이를 찾아 나섰습니다. 엄마 여우가 발그스레한 눈알을 굴리면서 참나무 밑둥치에 기웃대고 있을 무렵 갑자기 "탕탕" 귀를 찢는 총소리가 울려 퍼졌습니다. 엄마 여우는 화들짝 놀라 얼른 뒤를 돌아보았습니다. 수염이 북슬북슬한 험악한 표정의 사냥꾼이 총부리를 겨누고 있었습니다.

"아, 안 돼!"

엄마 여우는 나무를 타고 재주를 넘으면서 사냥꾼을 피해 달아났습니다. 하지만 돌부리에 걸려 넘어지는 순간 "탕" 총알이 정확하게 엄마 여우의 심장을 관통했습니다. 엄마 여우는 비명을 지를 사이도 없이 그만 꼬꾸라지고 말았습니다.

"엄마, 엄마!"

해가 뉘엿뉘엿 서산으로 넘어갈 무렵 큰소리로 나랑이를 부르며 아빠 여우가 달려왔습니다.

"이런, 쯧쯧 무서워서 식은땀이 났구나."

아빠 여우는 나랑이를 꼭 안고 굴로 돌아왔습니다.

하루 종일 불도저가 큰소리를 내며 왔다 갔다 숲을 부수고 기품과 위엄을 지녀온 나무들이 인정사정없이 사람들의 톱질에 베어 나갔습니다. 개발 공사로 골프장이 들어서 살던 숲이 사라지고 있었습니다. 아빠 여우는 언제 어떻게 생명을 잃을지도 모르는 불안한 환경에서 나랑이를 키울 수 없었습니다.

“나랑아, 우리도 이 숲을 떠나자.”

나랑이는 다정했던 엄마 여우가 그리워서 떠날 수가 없었습니다. 아빠 여우의 눈에서도 뜨거운 눈물이 흘렀습니다.

“자연보호지역 소백산으로 가자. 거기서는 마음 편히 안전하게 살 수 있을 거야.”

아빠 여우는 나랑이에게 소백산에 대해 얘기해 주셨습니다.

“자연보호지역은 희귀한 동물이나 식물들 때문에 아주 특별한 관심과 가치를 지니게 된 지역이란다. 사람들 중에는 자연보호주의자가 있는데 보통 사람들과는 달리 동물이나 식물을 보살피고 연구하는 일을 한단다. 많고 많은 산 중에서 소백산이 보호해야 할 가치가 충분한 지역으로 선정이 되었단다.”

아빠 여우가 나랑이에게 소백산에 대해 자세히 알려 주었다.

“소백산 안에는 우리와 같은 종족인 붉은여우가 희귀종으로 지정되어 보호받으며 살고 있단다.”

나랑이의 마음은 착잡해졌습니다. 무엇보다 이곳에 엄마를 남겨 놓고 떠나야 하는 것이 마음에 걸렸습니다.

‘엄마, 나랑이는 이제 떠나요.’

나랑이는 아빠 마음을 아프게 하고 싶지 않았습니다.

그런 다음 날 아빠 여우와 나랑이는 발길을 재촉했습니다. 낮에는 잠을 자다가 땅거미가 지면 먹이를 사냥해 배를 채우고 완전히 어두워지면 목적지를 향해 길을 재촉했습니다. 그냥 밤새 걷고 또 걸었습니다. 어두운 밤 천둥소리가 모든 생물을 집어 삼킬 듯 세찬 소나기가 내렸습니다. 빗물이 고인 흙탕물을 튀기며 목적지를 향해 가고 있었습니다. 아빠 여우는 바로 코앞에 진흙탕에 잠겨 있는 날카로운 덫을 밟아 버렸습니다. 나랑이는 목이 찢기고 피가 흐르는 아빠 다리를 붙들고 울었습니다. 그때 바로 어깨 너머로 사냥개 짖는 소리가 들려왔습니다.

"빨리 도망가서 안전한 곳에 몸을 숨겨라. 아빠가 너를 찾으러 갈게."

아빠 여우는 나랑이를 힘껏 밀쳐냈습니다. 눈 깜짝할 새 나랑이는 아빠 여우의 모습을 볼 수 없었습니다.

아빠를 잃은 나랑이는 무서워서 덤불 속에서 훌쩍거리며 울고 있었습니다. 마침 옆을 지나던 여우 아줌마가 우는 소리를 들었습니다.

"아가, 무슨 일이니, 왜 이런 덤불 속에서 혼자 있니?"

여우 아줌마는 앞발로 나랑이의 털을 쓰다듬으며 안아 주었습니다. 여우 아줌마에게서 엄마 냄새가 났습니다. 나랑이는 여우 아줌마의 품을 파고들어 젖을 찾았습니다. 여우 아줌마는 뒤로 물러났습니다. 집에는 새끼 여우가 셋이나 있었습니다. 차마 혼자 두고 갈 수가 없어 나랑이에게 젖을 배불리 먹이고 나오려는 순간 "컹컹." 사냥개 짖는 소리가 들렸습니다.

'도망가야 해, 수도 없이 마음속으로 외쳤지만 몸이 얼어붙은 듯 꼼짝도 할 수 없었습니다. 하는 수 없이 여우 아줌마는 나랑이를 물고 개울 건너 덤불 속에 몸을 숨겼습니다. 여우 아줌마는 능란한 솜씨로 사냥개를 따돌리고 안전하게 새끼들이 기다리는 굴로 돌아왔습니다.

"얘들아, 엄마 왔다."

새끼 여우들은 배가 고파 엄마 품으로 파고들어 젖을 먹었습니다.

"얘들아, 나랑이는 엄마가 없단다. 이제 우리랑 함께 살 거야."

첫째가 나랑이를 노려보는 눈매가 무서웠습니다.

"나랑이, 웃기시네. 잔소리 말고 빨리 꺼져. 앞으로 여기 나타났다가는 국물도 없을 줄 알아. 우리도 먹을 것이 모자라는데 너한테 줄 게 어디 있어."

나랑이는 오금이 저려 자기도 모르게 온몸을 달달 떨고 있었습니다.

"빨리 가란 말이야."

나랑이는 간이 콩알만 해져 부리나케 뛰쳐나왔습니다. 한참을 달려 골짜기 바위틈에 몸을 숨겼습니다. 마음씨 고운 여우 아줌마에게 인사를 못하고 와서 마음이 씁쓸했습니다.

깊은 숲 속에 혼자 남겨진 나랑이는 자꾸만 눈물이 났습니다. 윤기 흐르던 털은 까칠해지고 듬성듬성 털이 빠진 것이 영락없이 버림받은 꼴이었습니다. 먹이를 구하는 것도 어렵고 위험한 동물들을 피하는 것도 힘들었습니다. 나랑이는 조금씩 기운을 잃어갔습니다. 그대로 사라져 버렸으면 좋겠다는 생각을 했습니다. 그때 아빠가 보고 싶었습니다.

"어서 일어나. 소백산으로 가야지."

아빠 목소리에 정신이 번쩍 들었습니다.

"꼬르륵."

배 속에서 나는 소리였습니다. 어제는 긴장해서 배가 고픈 줄도 몰랐습니다. 코를 발름거리며 냄새를 맡았습니다. 커다란 바위를 덮은 넝쿨에 달달한 열매가 주렁주렁 익어가고 있었습니다. 입맛을 다시며 앞뒤 보지 않고 뛰어들었습니다. 그때 은빛 털을 가진 여우가 앞에 불쑥 나타났습니다.

"야, 그건 내 거야. 내가 먼저 맡아 두었단 말이야."

"이 숲에서 네 것 내 것이 어디 있어. 먼저 본 게 임자지."

나랑이를 사납게 밀쳤습니다. 그 바람에 뒤로 벌러덩 굴러떨어질 뻔했습니다. 그러나 다행히도 뒷다리에 힘을 꽉 주었기 때문에 넘어지지는 않았습니다.

"어쭈, 제법인데."

나랑이는 용기가 생겼습니다.

"우리 같이 나누어 먹자. 나도 좋은 먹이가 있으면 너와 함께 나누어 먹을게."

나랑이의 말에 은빛 여우는 사나운 눈길을 조금 누그러뜨렸습니다.

"안녕, 내 이름은 은여우야. 반짝반짝 빛나라고 아빠가 지어준 이름이야."

"네 아빠는 참 멋진 분이시구나."

"맞아, 그런데 지난겨울에 돌아가셨어."

나랑이는 아빠 생각에 가슴 한쪽이 아려왔습니다.

"그런데 너는 어떻게 이곳으로 오게 된 거니?"

나랑이는 와들와들 떨면서 지난날을 얘기해 주었습니다.

"그래. 과거는 아플 수 있어."

은여우는 나랑이를 토닥여 주었습니다.

"안전한 삶의 터전을 찾아 소백산으로 가는 길이야. 거기 가면 아빠를 만날 수 있을 거야."

"같이 가지 않을래?"

은여우는 앞장서 소백산 골짜기를 향해 나아갔습니다. 은여우는 몸이 정말 날랬습니다. 며칠이 지나지 않아 정확하게 소백산에 다다랐습니다. 은여우는 나랑이를 꼭 껴안았습니다.

"고마워. 죽어도 네 은혜는 잊지 않을게."

"그래, 죽지 말고 잘 살아. 아빠를 꼭 만나야 해."

파이팅을 외치며 은여우는 날래게 돌아섰습니다.

'사람을 살리는 산 소백산.'

"후유!"

나랑이는 길게 안도의 한숨을 내쉬었습니다.

나랑이는 목적지 소백산 연화봉에 올라 인삼 향기 가득한 소백산 아래를 내려다보았습니다. 오순도순 정답게 살아가는 모습들이었습니다. 연분홍빛 꽃잎이 바람에 나부끼며 철쭉꽃이 피었습니다. 바람이 허리를 꼿꼿하게 세우고 해바라기를 하는 철쭉을 어루만졌습니다. 세상곳곳 안 가는 곳이 없는 바람도 아름다운 소백산에 머물러 있었습니다. 참으로 아름다운 풍경이었습니다. 생전 처음 보는 풍경에 잠시 넋을 잃고 서 있었습니다. 숲과 새들이 나랑이의 마음을 엿보고 까르르 웃음으로 환영해 주었습니다. 눈에 보이는 것은 아름다운 세상이요, 귀에 들리는 것은 칭찬 소리뿐이었습니다. 숲 속 나뭇가지 사이로 따뜻한 햇살이 나랑이의 가슴에 와 닿았습니다. 초록으로 덮인 소백산은 아무도 거들떠보지 않았던 상처투성이인 나랑이를 안아주고 지쳐 있는 몸과 아픈 마음들을 보듬어 주었습니다.

숲 속에서는 인사를 잘하는 다람쥐 칭찬이 들려왔습니다.

"요즘 아이들은 버릇이 없는데 다람쥐는 예의가 참 바르단 말이야. 부모가 교육을 잘 시켰나 봐. 어쩌면 저리 귀엽고 인사도 잘 할까?"

나랑이는 그 모습이 부러웠지만 자신의 모습을 생각하면 슬프기만 했습니다.

"아, 나도 숲속 귀염둥이 다람쥐였으면…."

욕심인 줄 알지만 나랑이도 칭찬의 말을 들어보고 싶은 소원이 생겼습니다. 소백산자락 길에 어느새 단풍이 들고 있었습니다. 발자국 소리와 함께 떠들고 웃는 소리가 들려왔습니다.

숲속으로 수빈이네 가족이 등산을 왔습니다. 수빈이는 참나무 잎처럼 갈

색 옷을 입고 단풍잎처럼 빨간 모자를 쓴 아주 예쁜 여자아이였습니다. 나랑이는 귀가 닳도록 당부하던 아빠 말씀이 생각났습니다.

"나랑아, 사람을 만나면 재빨리 피해야 해."

나랑이는 얼른 풀숲으로 들어가 숨었습니다.

"수빈아, 저기 다람쥐 봐라."

엄마가 굴참나무 밑에서 도토리를 먹고 있는 다람쥐를 보았습니다. 윤기가 흐르는 밤색 등줄기에는 검정색 줄무늬가 다섯 개인 아기 다람쥐였습니다. 수빈이는 땅에 떨어진 도토리를 한 움큼 주웠습니다. 다람쥐에게 주려고 했는데 겁을 먹고 참나무 위로 쪼르르 올라갔습니다. 수빈이는 아기 다람쥐가 보고 싶어 굴참나무 위를 올려다보았습니다. 다람쥐의 가슴이 볼록볼록 움직였습니다.

"아빠, 우리 때문에 다람쥐가 놀랐나 봐요."

수빈이는 다람쥐가 먹이를 먹었던 곳에 도토리를 놓아주고 아쉬운 듯 발길을 돌렸습니다. 나랑이는 수빈이가 마음에 들었습니다. 사람들한테 상처받았던 마음이 조금씩 풀리기 시작했습니다. 그때 등 뒤에서 누군가 말을 하고 있었습니다.

"친구가 되고 싶어."

나랑이는 자신의 귀를 의심했습니다. 얼핏 보기에 몸집이 작았지만 반질반질한 붉은 털, 반짝이는 눈망울이 예뻤습니다. 다른 친구들을 만날 때와는 콩닥거리는 가슴이 확실히 달랐습니다.

"놀라지마, 난 나쁜 여우가 아니야."

"난 너랑이라고 해. 사람들이 지어줬어. 넌 누구니?"

"난 나랑이야. 사람들이 지어줬다고?"

너랑이가 하는 말이 믿기지 않아 큰 소리로 되물었습니다.

"응, 좋은 사람들이야."

"내가 아기였을 때 엄마 아빠와 함께 이사를 가다가 사고를 당했나 봐. 그래서 길에 쓰러져 있는 나를 구해 길러줬어."

"뭐?"

나랑이가 겪었던 시련들을 떠올려 보면 사람들은 모두 나빴습니다. 아무리 생각해도 사람들이 좋다는 말을 이해할 수가 없었습니다.

"나는 사람들이 내가 잘 살 수 있게 만들어 놓은 생태학습장에서 자랐어. 소백산 숲으로 돌아가 좋은 짝 만나 아기 낳아 알콩달콩 잘 살라고 숲으로 보내주셨어. 나를 길러준 아저씨는 참 좋은 분이셨어. 내가 아기였을 때 엄마처럼 보살펴 주셨거든."

나랑이는 잠시 슬픔에 잠기는 듯했습니다. 엄마 아빠 없이 외로웠던 너랑이를 엄마처럼 돌봐 주었다면 틀림없이 좋은 사람들일 거라는 생각이 들었습니다. 가슴에 따뜻한 바람이 일어 언 마음을 녹였습니다.

제대로 된 친구 하나 없는 나랑이에게 너랑이는 든든한 친구가 되었습니다.

자기의 속마음을 알아주는 친구가 늘 그리웠습니다. 힘찬 발걸음으로 먹이를 찾아 나섰습니다. 와, 달콤한 냄새 향긋한 냄새가 바람에 실려 왔습니다. 나랑이는 꼬리를 늘어뜨리고 냄새를 따라 힘차게 달렸습니다. 빨간 사과를 주렁주렁 달고 있었습니다. 따 먹으려고 폴짝폴짝 뛰어보지만 너무 높은 곳에 있어서 먹을 수가 없었습니다.

희망이 없을 때는 포기했겠지만 이제는 살고 싶다는 희망이 생겼습니다. 헛간에서 사다리를 빼내 올라갔습니다. 침을 꼴깍 삼키며 큼직한 사과를 한 입 베어 먹었습니다. 너무 달콤해서 너랑이 생각이 났습니다. 달콤한 사과를 너랑이에게 선물로 줄 생각이었습니다. 제일 맛난 사과를 따서 품에 안았습니다. 사다리 밑에서 기다리고 있던 검은 고양이와 눈길이 딱 마주쳤습니다.

나랑이는 오싹한 전율이 느껴졌지만 본능적으로 숲을 향해 힘껏 달렸습니다. '쉬익' 검은 고양이가 날렵하게 몸을 날렸습니다.

"아얏."

꼬리 쪽에서 찢어지는 아픔을 느꼈습니다. 꼬리를 세워보니 반쯤 잘려나가고 털까지 한 움큼 뽑혀 있었습니다. 공포에 질려 하늘이 노랬습니다. 그렇지만 너랑이를 생각하면 이까짓 고통쯤이야 참을 수 있었습니다 . 상처 난 꼬리는 점점 더 따끔거렸습니다. 나랑이는 꼬리를 앞으로 끌어당겨 혀로 핥으려고 했지만 잘 되지 않아 끙끙댔습니다.

"꼬리를 이쪽으로 내려. 내가 '호호' 해 줄게."

샘물 같은 목소리에 나랑이는 침을 꼴깍 삼켰습니다.

너랑이는 소백산 약초를 짓이겨 상처에 발라 주었습니다. 얼얼하던 아픔이 천천히 가시면서 시원해졌습니다.

"이렇게 많이 다쳐서 어떡하니? 멋진 꼬리가 영 볼품없어졌는걸."

챙겨주는 나랑이가 엄마 같았습니다. 든든한 친구가 되어준 나랑이가 고마워서 눈물이 났습니다. 가슴에 뭉클한 사랑이 피어올라 멍들었던 가슴이 깨끗이 치유되었습니다. 지내는 곳은 달랐지만 마음은 늘 함께였습니다. 너랑이만 생각하면 자다가도 힘이 솟았습니다. 나랑이의 가슴에 아주 커다란 기쁨이 하루가 다르게 커가고 있었습니다.

"나랑아, 네 마음은 고맙게 받을게. 우리는 자연과 사람들이 함께 어우러져야 살기 좋은 세상이 된다는 걸 알아. 그래서 소백산 동물 친구들은 사람들이 힘들게 가꾼 농작물을 헤치지 않기로 모두 약속했어."

숲 속 동물들도 소백산을 사랑했습니다. 나랑이는 사과밭에서 사과를 따 먹은 것이 부끄러웠습니다.

나랑이와 너랑이는 비로봉과 국망봉 능선을 오가며 향긋한 들꽃 사이를 누비며 장난을 치고 사랑을 키워갔습니다. 소백산의 사계는 동화 속 세상이었습니다. 밝고 둥근 보름달이 얼굴을 불쑥 내밀었습니다. 보름달이 뜬 달밤은 정말 아름다웠습니다. 흰 눈이 내린 비로봉 언덕에 순백의 비단 융단이 깔렸습니다. 나랑이가 눈 위를 굴렀습니다. 그러자 너랑이도 함께 뒹굴었습니다. 푹신한 눈가루가 털에 잔뜩 묻었습니다. 둘은 한 몸이 되어 눈 위를 한참 동안 뒹굴었습니다. 환한 기쁨이 몽글몽글 솟아올랐습니다.

■ **장경숙**

경북 김천 출생. 한국방송통신대학교 졸업. 월간『문학세계』등단. 경북여성문학회 회원. 영주문예대학 제5기 수료.

| 스토리텔링 |

느티떡의 비밀

전 미 경

영주시 안정면 단촌리는 시대가 요구하는 웰빙 먹을거리인 느티떡이 개발되어 새로운 바람을 불러일으키고 있다. 느티떡 개발은 주민들의 열정이 이룬 성과이며 건조한 삶 속에서 육체와 정신의 건강을 위한 떡이라 할 수 있다.

단촌리는 시골 마을임에도 불구하고 정계, 재계, 학계에서 많은 인재를 배출하고 있다. 그 힘의 원천은 어디서부터 오는 것일까? 고령의 주민들이 건만 단결된 힘과 건강한 모습을 유지할 수 있는 것만 봐도 차별화된 마을의 기운이 스며든 것으로 본다.

이 지역에서는 천연기념물 제273호인 단촌리 느티나무가 거센 세파에도 흔들림 없이 마을을 지켜오고 있다. 하늘의 손짓과 바람의 유혹을 받으며 700년을 살아 숨 쉬는 느티나무는 변함없는 모습으로 역사를 잇고 있다.

마을에서는 해마다 새순이 돋는 봄이 시작되면 어린 느티나무 잎을 딴 후, 깨끗이 손질하여 느티떡을 만들어 이웃과 정을 나누었다. 시간이 흐르면서 현대인의 입맛에 맞게 맞춤된 느티떡은 천연의 향과 맛이 어우러져 한 번 먹어 본 사람은 그 맛을 잊을 수 없어 반드시 다시 찾게 된다. 느티나무의 영험함으로 빚어서일까. 하늘의 이치와 땅의 기운을 담고 있는 느티떡은 형이상학과 형이하학의 절대적 순리도 따른다. 또한 병마 극복의 놀라움까지 갖고 있으니 느티떡은 연구가 거듭될수록 더 많은 신비로움을 더하고 있다. 느티떡, 그 비밀의 끝은 어디일까?

많은 이들이 세상에 풀어놓지 못할 고민, 영원히 가슴에 묻고 싶은 비밀, 응어리진 한, 꺾이지 않는 분노로 불면의 밤을 지새우다 그 힘겨움을 내려놓기 위해 단촌리 느티나무를 찾는다.

나무는 살이 터지고 갈라지는 아픔을 감내하면서도 상처받은 이들의 가슴을 다독이고자 성난 바람을 몸으로 잠재운다. 밑동의 갈라진 틈은 자신을 열어 타인을 수용하는 통로였기에 느티나무가 품은 이야기는 다시 느티떡으로 세상에 풀어지게 된 것이다. 그래서일까. 희로애락이 서린 느티떡을 먹으면 세상 근심을 잠시 잊게 되며 심신의 안정도 찾게 된다.

느티떡은 효능을 알아갈수록 인류에게 꼭 필요한 성분이 함유된 떡임을 알게 된다. 특히 느티나무는 우리나라에서 발병률이 높은 폐암을 치유할 수 있는 카달렌이라는 약리 성분이 대량 함유되어 있어 폐암 관련 약재로 각광을 받고 있다. 청정의 땅 소백산 맑은 물과 공기를 흡수하며 자라는 느티나무 잎으로 느티떡을 만들었으니 그 효능은 배가될 수밖에 없다. 단촌리 주민들의 노력으로 느티떡을 개발하게 된 것은 마을의 역사가 이룬 큰 성과이며 영주시의 자랑이기도 하다. 앞으로 느티떡은 영주의 역사를 새롭게 쓸 것이며, 그 이야기는 현우와 은애를 통해 만날 수 있다.

사위가 어둠에 둘러싸인 강둑에 빛의 무도가 시작된다. 바람의 향기에 취한 은은함 때문일까. 달빛의 연주마저 흥을 돋운다. 하늘에는 성근 별이 적막에 잠긴 현우와 은애를 비추고 있다.

홍교천 강둑에 나란히 앉은 두 남녀는 어떠한 말도 하지 않은 채 한 시간을 흘려보냈다. 투명한 공기에 얹힌 하늘빛이 굴절 없이 그들의 어깨 위로 쏟아진다. 은애는 몸을 움찔한다. 밤공기는 아직 살갗 오그라드는 찬 기운이 남아 있는 계절이다.

"춥지?"

현우가 물었다.

"이제 더 이상 오빠랑 만날 수 없다고 생각하니 마음이 아파요."

은애가 촉촉하게 젖은 목소리로 대답했다.

"……."

"우리가 헤어지더라도 함께한 시간만큼은 절대로 잊지 못할 것 같아요."

"그건 나도 마찬가지야."

또다시 침묵이 흐른다. 개구리 울음 소리가 애달픈 곡조를 뽑아내듯 구성지게 들린다. 간혹 불어오는 바람결에 쓸쓸한 강의 기운이 묻어 있다.

현우와 은애는 한 마을에서 자랐다. 조용하고 온순한 성격의 현우는 배려심 많은 청년이었으나 결단력 부족으로 후회하는 일이 많았다. 은애를 마음속으로 좋아했으나 내색을 하지 못했다. 은애 역시도 현우를 가슴에 품고는 있었지만 자신의 속마음을 드러내진 않았다.

2년 선배인 현우는 부산에서 대학 생활을 했다. 넉넉지 않은 가정 형편상 빨리 돈을 벌어 동생들 학비를 보태야 했기에 취업이 잘 된다는 경영학과에 진학했다. 은애는 지역과 가까이 있는 대학의 식품영양학과에 입학하여 영양사를 꿈꿨다. 어릴 때부터 손끝이 야무지다는 소리를 듣고 자란 은애는 요리를 잘해 주위로부터 칭찬이 자자했다.

현우가 군대를 다녀오고 복학을 한 후 취업을 준비하고 있을 즈음, 은애는 대학을 졸업하고 서울에 있는 기업체 영양사로 취업이 되었다. 현우와 은애는 서로의 생활이 궁금증을 불러왔지만 명분이 없어 연락을 하지 못했다. 현우도 대학을 졸업하고 부산의 중소기업에 취업하게 되었다. 경영학을 전공한 현우는 회사에서 재무 관련 업무를 담당하고 있었다. 전공과 관련된 일을 하게 된 것이 다행이라 생각되었다.

더위가 기승을 부리던 어느 여름날, 본격적인 휴가가 시작되자 현우와 은애는 우연히 고향 마을에서 만나게 되었다. 뜻밖의 만남에 적잖이 놀라는 눈치였지만 서로에 대한 감정은 식지 않은 채 그대로 남아 있었다.

"오랜만이네, 그동안 잘 지냈어? 서울에서 영양사 생활한다는 얘기 들었어. 일이 힘들지는 않니?"

"네, 제가 좋아하는 일이라 괜찮아요. 오빠도 잘 지내시죠? 정말 오랜만이에요."

"반갑다. 연락처 하나 받을 수 있을까?"

현우는 휴대전화를 꺼내 은애가 알려주는 번호를 천천히 그리고 정확히 입력했다. 마치 잘못 입력해 큰 낭패를 보면 안 되는 듯 신중을 다해 손가락으로 숫자판을 세게 눌렀다. 그렇게 시작된 두 사람은 연인이 되어갔다. 그동안 가슴에만 품어오던 고귀한 사랑이었다. 그러나 그들의 부모님은 땅 문제로 시비가 붙어 만나기만 하면 서로 으르렁거리는 불편한 사이었다. 마을 어귀를 중심으로 위쪽 논은 은애네, 아래쪽 논은 현우네 논이었다. 두 집안과 또 다른 경계를 잇는 땅을 귀농인이 사들이면서 새로운 측량이 이루어졌다. 이때 현우네 땅이 은애네 쪽으로 들어간 것을 알게 되면서 현우

아버지는 그 땅을 되찾아야 한다며 목소리를 높였다. 이에 질세라 은애 아버지는 부모로부터 물려받은 땅이었기에 자신의 땅이 남의 땅으로 경계가 넘어간 것은 행정적 착오라며 사실을 인정하지 않았다. 몇 번의 실랑이가 벌어지면서 두 집안은 예전의 이웃사촌 모습은 찾을 수 없고 적을 만난 듯 보기만 하면 날을 세웠다.

현우가 장손이기에 어른들의 바람은 일찍 혼례를 치르게 해 후손을 보는 거였다. 그래서 현우의 의견을 물어볼 겨를도 없이 맞선자리를 주선했다. 그럴 때마다 현우는 거절을 했다. 바쁘다는 이유가 주를 이뤘지만 마음 한 구석에 자리 잡은 은애를 향한 애틋한 마음 때문이었다. 하루빨리 은애와의 관계를 부모님께 알려야 할 것 같았다. 주말을 이용해 고향집으로 향했다. 부모님 앞에서 그동안 은애와의 관계를 말씀드렸다. 그러자 부모님의 안색이 어두워지면서 아버지로부터 불호령이 떨어졌다.

"은애는 절대 우리 집 며느리가 될 수 없다."

단호하고 절제된 음성이었다.

"아버지 결혼은 제가 하는 거예요. 저와 살 사람은 제가 고를 겁니다. 다른 건 다 아버지 말씀을 따라도 은애만큼은 포기할 수 없습니다."

"너를 총각 귀신으로 두는 한이 있어도 은애 부모와는 사돈을 맺을 수 없다."

아버지는 바늘구멍 하나 들어설 틈도 없이 은애를 밀어냈다. 그리고 아들에게 더 심한 말을 하려다 승산 없는 싸움인 줄 알기에 얼른 자리를 박차고 그곳을 떠났다. 상황은 생각보다 심각했다. 없는 살림에 자신을 귀하게 키워준 부모님께 불효할 생각을 하니 가슴이 미어지는 것 같았다. 그렇다고 은애를 포기할 수는 더더욱 없는 일이었다.

두 사람의 관계를 은애 부모님도 알게 되자 노발대발했다. 은애도 더는 피할 수 없는 일임을 실감했다. 사태의 심각성을 해결하지 않고는 자신들의 사랑이 지속될 수 없음을 현우에게 전했다.

그러나 해답 없는 결론 앞에 둘은 점점 지쳐만 갔다. 끝점이 보이지 않아 힘들었던 것일까. 아니면 현우를 불효자로 만들고 싶지 않은 은애의 사려 깊은 마음 때문이었을까. 은애는 현우에게 헤어질 것을 통보했다.

현우로서는 청천벽력 같은 소리였으나 어찌할 방법이 없었다. 은애로부터 뜻밖의 소식을 들은 현우는 몇 날 며칠을 고민과 방황의 굴레에서 헤어나지 못했다. 뜬눈으로 지새운 하얀 밤이 가슴을 검게 물들였다. 결국 현우와 은애는 이별을 결심했다.

어버이날을 맞아 은애가 고향으로 간다는 소식을 듣고 현우도 부산에서 올라와 둘은 지금 홍교천 강둑에서 만난 것이다. 이별 후의 만남이었다. 둘의 대화는 좀처럼 이어질 줄 몰랐다. 가슴 눈이 밝은 등을 켜는지 서로의 마음 불만 환했다. 어색한 기운이 현우와 은애의 얼굴을 파고들었다. 봄밤이 주는 안온함은 세상의 근심을 모두 풀어내기라도 하듯 고요를 짙게 드리우고 있었다. 유난히 투명한 하늘이었다. 반짝이는 밤하늘의 별이 모두 쏟아질 것만 같았다. 현우는 혼자만의 세계에 빠진 듯 한동안 넋을 놓고 있었다. 갑자기 은애가 입을 열었다.

"오빠…."

다시 대화가 이어졌다.

"이제부터 어떻게 할 거야?"

"다니던 직장 그만두고 떡 기술 배울까 해요."

"갑자기 떡 기술은 왜?"

"예전부터 전통 떡을 만들어보고 싶었어요. 사라져가는 우리 떡의 전통성을 찾고 그 속에서 진정성을 만나고 싶어요. 이참에 한 번 해 볼까 해서요."

"그래, 너라면 잘해낼 거야. 끝까지 지켜주지 못해 미안하구나."

현우는 가슴이 짓이겨지는 것 같았다. 결국 둘의 이별 앞에 뜨거운 것이 흘렀다. 다음 날 현우는 부산으로, 은애는 서울로 향했다. 부산에 도착한 현우는 점점 야위어가는 자신의 모습을 보며 불안한 생각이 들었다. 한번 걸린 감기는 좀처럼 떨어질 기미가 보이지 않았다. 체중도 줄어들고 있었다. 누적된 피로라 하기엔 석연찮은 느낌이 들었다. 회사에 휴가를 내고 병원을 찾았다. 지금껏 괜찮았는데 무슨 일이야 있겠나 싶어 진료 대기실에서 결과를 기다리고 있었다.

그러나 의사로부터 뜻밖의 진단을 받았다. 폐암 초기라는 것이었다. 현우는 순간 하늘이 노랗게 변하는 것 같았다. 의사는 폐암 초기는 증상이 거의 없는데 이렇게 나타난 것이 오히려 다행이라고 했다. 중년으로 보이는 의사는 자신의 오랜 경험으로 미루어 잘만 치료하면 건강을 되찾을 수 있다는 말도 전했다. 희망의 불씨가 현우의 가슴에 심겼다. 현우는 이 사실을 누구에게도 이야기할 수 없었다. 자신을 믿고 따르는 가족을 생각하니 눈물이 핑 돌았다. 없는 살림에 부모님의 희생으로 대학까지 마치고 직장을 잡지 않았던가. 가족의 보이지 않는 정성을 누구보다 잘 아는 현우였다. 장손인 자기를 믿고 따르는 동생들과 부모님의 얼굴이 떠오르자 현우는 걷잡을 수 없는 눈물을 쏟고야 말았다.

살고 싶었다. 아니, 살아야 했다. 그 순간 수많은 얼굴이 스쳤지만 은애의 얼굴이 가장 크게 떠올랐다. 보고 싶었다. 은애에게 당장이라도 달려가고 싶었다. 휴대전화를 꺼내 은애에게 전화를 걸었다. 몇 번의 신호음이 울리더니 낯익은 목소리가 들렸다.

"현우 오빠?"

아직 현우의 번호를 지우지 않은 모양이었다. 휴대전화에 '박현우' 라고 이름이 뜨자 은애는 휴대폰을 갖다 대며 현우의 이름을 부른 것이다. 은애의 목소리를 듣자 현우는 그동안 삭이고 다독인 감정이 폭발이라도 하듯 꺼이꺼이 울음을 토해냈다. 현우의 울먹이는 소리는 은애의 심장에 비수를 꽂았다. 한 번도 들어보지 못한 현우의 울음소리 아니었던가. 왠지 모를 불안이 은애의 목덜미를 후려쳤다.

은애는 그 길로 곧장 부산으로 향했다. 둘의 사랑이 이토록 절절한데 어떻게 헤어지기를 바랐단 말인가? 부산에 도착한 은애는 현우로부터 자초지종을 들었다. 은애는 담담한 표정으로 초기에 폐암을 발견한 것은 좋은 징조라며 치료에 전념해 줄 것을 현우로부터 약속 받았다.

서울로 올라온 은애는 폐암에 대한 정보를 수집하며 특히 폐암을 이길 수 있는 음식과 치료법에 대해 자료를 찾기 시작했다. 의사의 처방도 잘 받아야 하지만 호흡기와 순환기에 이상이 없도록 몸 관리를 잘하는 것도 치료의 한 방법임을 알게 되었다. 현우를 살려내리라는 어떤 확신 같은 것이 은애의 뇌리를 꽉 채웠다. 하늘이 도운 것일까. 자료를 찾던 중 느티나무에는 폐암 치료에 탁월한 카달렌이라는 약리 성분이 함유되어 있다는 것을 알게 되었다.

고향 마을에서는 해마다 음력 4월 초파일을 전후해 주민들이 모여 느티떡을 만들어 먹는 풍습이 있었다. 은애는 고향마을을 지켜주는 단촌리 느티나무가 떠올랐다. 느티나무, 느티나무, 은애의 입안을 분주하게 움직이는 말이었다. 불러도 불러도 또 부르고 싶은 느티나무였다. 반가움이 머리카락을 세우듯 흥분되기 시작했다.

그들의 고향인 영주시 안정면 단촌리에는 오래된 느티나무가 있었다. 마을을 상징하는 느티나무는 건강과 평화를 지키며 마을의 역사를 이어오고 있었다. 700년을 한결같이 마을의 안녕을 바라며 바람의 결 따라 주민의 애환을 담아내고 있었다. 삶에 지친 이들이 쉬어가는 곳으로서 세상에 물들지 않는 자연 그대로의 숨결이 묻어 있어 많은 이들에게 위로를 주는 당산나무였다.

은애는 당장 고향 마을로 향했다. 그리고 현우에게 연락하여 고향으로 올라올 것을 부탁했다. 현우는 지쳐 있었으나 은애의 간곡한 부탁을 저버릴 수 없어 곧장 시골 마을로 향했다. 둘은 고향 마을에서 다시 만나게 되었다. 그들이 간 곳은 느티나무 아래였다. 느티나무는 변함없는 모습으로 현우와 은애를 반기고 있었다. 모든 허물을 보여줘도 부끄럽지 않은 느티나무는 어머니의 품처럼 따뜻했다. 나무가 주는 편안함 때문인지 고향에 와 있다는 느낌을 피부로 실감했다.

마침 5월이라 눈부신 햇살을 받은 잎사귀에서 반짝 빛이 났다. 마치 현우를 위한 나무 같았다. 은애는 마음으로 정성을 다한 후 느티나무의 어린 잎을 따 깨끗이 손질하여 삶아 말린 후 가루를 냈다. 그 길로 현우네 부모님을 찾아가 그동안 현우의 건강 상태에 대해 말씀드렸다. 현우 부모님은 귀한 아들이 사경을 헤맬지도 모를 위기에 처한 것을 알고 믿을 수 없는 현실 앞에 망연자실했다. 은애는 침착히 그리고 천천히 현우를 위해 자신이 할 수 있는 일에 대해 말씀드렸다. 현우 부모님은 처음에는 은애를 반기지 않는 눈치였으나 은애가 현우를 위해 지극정성을 보이고 있다고 확신하고는 오히려 은애를 붙들고 싶어 하는 눈치였다.

현우는 직장에 휴직을 내고 고향으로 올라와 휴양에 들어갔다. 은애는 자신의 집과 현우네 집을 오가며 불철주야 정성을 다했다. 밥을 지을 때도 느티나무 잎 가루를 넣어 지었으며, 국이나 찌개를 끓일 때도 느티 가루를 넣었다. 모든 반찬에도 느티나무 잎 가루는 빠지지 않았다. 좀 쌉싸래한 맛이 나긴 했지만 거부감은 없었다. 단지 느티 잎은 음력 4월 초파일을 전후해 따야 하기에 시기를 맞추는 것이 제일 중요했다.

은애는 식품영양학을 공부했기에 떡 개발에도 탁월한 재능을 보였다. 입맛 없어 하는 현우를 위해 평소 그가 좋아하는 떡을 만들어 영양을 보충해 주리라 생각했다. 현우는 어릴 때부터 떡을 좋아했다. 현우의 입맛에 가장 잘 맞는 떡을 개발하기 위해 몇 날 며칠을 잠 한 번 편히 자지 않고 오직 떡 만들기에 전념했다. 재료의 비율과 양을 조정해 가며 느티떡을 만들었으나 생각처럼 원하는 대로 떡이 만들어지진 않았다.

몇 번의 실패를 거듭한 후 안정 쌀인 맵쌀가루 2컵에 느티나무 잎 가루 1스푼, 물 2컵, 설탕 1스푼을 잘 섞어 체에서 내린 후 건조된 지역 농산물을 고명으로 얹어 찜기에 올려 15분을 찌니 모양과 맛이 어우러진 느티떡이 완성되었다. 간단하면서도 정성이 깃든 떡이라는 것을 한눈에도 알 수 있었다. 초록빛이 도는 느티떡은 맛, 모양, 색이 한데 어우러져 마음을 편하게 했다.

현우는 느티떡에 관심을 보이며 좋아했다. 폐암에 특효로 인정된 느티떡이라 희망이 보이는 듯했다. 입맛이 없을 땐 식사 대용으로, 외출할 때는 음식을 함부로 먹지 못하는 곤란함을 느티떡으로 대신했다. 느티나무의 영험함이 아픈 현우의 몸속으로 스며드는 듯했다. 은애는 거부감 없이 자신이 해 주는 것은 무엇이든 정성껏 먹는 현우가 고마웠다.

1년의 시간이 흘렀다. 현우가 진료를 받으러 가는 날, 은애도 동행했다. 그런데 진료를 끝낸 의사로부터 뜻밖의 말을 들었다. 현우의 폐는 거의 정상인에 가까울 정도로 회복되었다는 것이었다. 놀라운 기적이라며 평소 먹는 음식에 대해 물어 보았다. 은애는 그동안 현우를 위해 정성들인 음식들에 대해 이야기하며 느티나무 잎을 이용한 느티떡을 식사 대용으로 많이 섭취했다고 했다. 의사는 민간요법은 잘못 사용할 경우 건강을 해칠 수 있으나 이렇듯 잘만 사용하면 건강을 되찾을 수 있음을 인정했다.

느티나무는 산기슭이나 골짜기, 마을 부근의 흙이 깊고 그늘진 땅에서 자라는 특징이 있다. 이런 곳에서 자라는 느티나무이기에 깨끗한 공기와 물이 자연스럽게 느티나무의 몸속에 스며드니 폐의 기능에 효능 있는 나무로 자랄 수 있었던 것이다.

느티나무는 혈압을 낮추고 피를 멈추게 하고 염증을 가라앉히는 효능도 갖고 있었다. 은애는 느티떡을 앞에 놓고 여러 가지 생각에 잠겼다. 이렇게 귀하고 훌륭한 떡을 알고 있는 사람들이 과연 몇 명이나 될까. 그리고 의사로부터 들은 이야기를 일일이 기록하였다.

현우의 폐암이 호전되었다는 소문이 삽시간에 고향 마을뿐 아니라 인근 지역으로까지 전해졌다. 은애는 모든 이들에게 감사하고 싶었다. 현우가 건강이 완전 회복된 것은 아니지만 의사도 놀랄 만큼 호전되었다는 사실

하나만으로도 현우가 다 나은 듯 하늘을 나는 기분이었다.

은애는 주민들을 불러 느티떡에 대해 설명했다. 느티떡을 대량 생산하여 판로만 개척되면 마을의 소득도 증대되고 느티떡을 즐겨먹는 이들이 건강도 지켜나갈 수 있다고 말했다.

주민들이 느티떡을 한 입 베어 먹는 순간 세상에서 단 하나밖에 없는 차별화된 맛이라는 것을 알 수 있었다. 예전에는 궁중이나 사찰에서 선택된 사람만이 먹을 수 있었다던 느티떡이 이제 대중 속으로 가까이 들어서게 된 것은 마을의 큰 자랑이기도 했다. 주민들은 마음을 모아 느티나무의 좋은 기운이 서린 느티떡을 특성화된 지역 브랜드로 탄생시키리라 다짐했다.

현우를 향한 은애의 순정은 모든 이들의 마음까지 젖게 만들었다. 현우가 건강을 되찾으면서 느티떡은 건강을 지켜주는 떡으로 자리하게 된다. 특히 현우와 은애의 부모님 관계가 회복되면서 냉전의 분위기는 물거품 사라지듯 사그라졌다.

이제 느티떡은 건강을 뛰어넘어 불협화음을 잠재우는 화해의 떡으로도 유명하였다. 화를 누르는 떡, 그늘진 마음을 다독이는 떡, 심신을 평온하게 하는 떡, 항암에 특히 탁월한 효능을 보이는 느티떡은 이제 영주의 역사를 새롭게 지을 것이다. 단촌리 주민들이 4월 초파일을 전후해 느티떡을 만들어 먹었던 것은 조상의 지혜 속에 우주 만물이 모두 담겨 있었기 때문이었다. 느티떡의 비밀은 모든 것을 품으면서도 베풀 수 있는 여유, 참고 기다릴 수 있는 느티나무의 끝없는 사랑이었던 것이다.

■ **전미경**

『월간문학』 등단. 신라문학대상 수필 부문, 제16회 시흥문학상 우수상 수상. 한국문인협회, 영주문인협회, 경북여성문학회 회원. 영주문예대학 제1기 수료.

| 스토리텔링 |

술바위 축제 이야기

최정린

영주 시내에서 이산면 두월리 방향으로 남간서당이 있는 고개를 넘어가면 '술바위교' 라는 다리가 나온다. 이 다리를 '술바위교' 라 부르는 이유는 다리 건너 왼쪽에 술바위라는 큰 바위가 있어 이렇게 붙이게 되었다. 이 술바위가 지금은 도로 옆에 위치하고 있지만 먼 옛날에는 깊은 산속에 있었다. 시에서 도시 개발을 하면서 술바위가 있는 앞산을 절개하여 원당천 물줄기를 적서동 방향으로 돌려 직선화하면서, 원당천을 건너갈 수 있도록 놓은 다리가 주암교(酒巖橋)였다. 그 이후 봉화 방면 우회 도로가 개통되면서 술바위교로 바뀌게 되었다.

술바위의 유래는 먼 옛날 산기슭에 술 단지 모양의 큰 바위가 있고, 바위 위에 뚜껑 형태의 작은 바위가 덮어져 있었던 데에서 시작되었다. 그 바위 뚜껑 밑에는 항상 술이 조금씩 흘러내리고 있었다. 그래서 이곳은 선비들이 과거시험에 응시하러 가는 길에, 나무꾼들이 땔감 나무를 장만하고 돌아오는 길에, 장돌뱅이들이 장날을 찾아 오가는 길에, 지나는 행인들 누구나 할 것 없이 잠깐 쉬어 가는 곳이 되었다. 이 술바위 술은 돈 한 푼 없어도 마실 수 있어, 누구나 갈증 난 목을 축이고 갈 수 있었다.

그런데 이 술바위에는 수천 년 내려온 불문율이 하나 있었다. 술바위에서 흐르는 술을 귀한 약술로 생각하며, 또 술바위를 찾는 모든 사람들을 배려하는 마음으로 누구나 딱 대포 한 잔만 마셔야 한다는 것이다. 무슨 일이 있어도 두 잔 이상 술을 마시면 안 된다는 이야기가 구전으로 전해져 이 술바위의 절대적인 규율이 돼 있었다.

그러나 지금은 술은 흐르지 않고 술이 흘렀던 흔적만이 바위에 흰 줄로 남아 있는 것을 볼 수 있다. 이 술바위에서 그 옛날 술이 흐르게 된 이야기가 다음과 같이 전해지고 있다.

영주 고을에서 남간고개를 지나 아래로 내려가면 집 한 채 크기의 뚜껑이 덮인 큰 바위가 있고 그 앞으로 제법 큰 오솔길이 나 있었다. 이 오솔길은 읍내 장터로 가는 유일한 통로로 수많은 사람들이 오고 갔다. 또한 이 바위 주변에는 소나무 그늘이 있어 지나가는 행인들이 잠시 쉬어갈 수 있는 경치가 매우 좋은 곳이었다.

이 바위가 있는 남간고개 부근 '광시' 라는 마을에 성실하고 부지런한 임 씨가 병든 노부모를 모시고 살고 있었다. 임 씨의 이름은 '병태' 로 가난한 집안에 늦둥이 외동아들로 태어나 부모의 사랑과 보살핌 속에서 온화한 성품으로 튼튼하게 잘 자랐다.

병태는 철이 들면서 천민으로 태어나 글공부를 할 수 없는 것을 알고는 마음에 상처를 입었다. 그러나 태생이 천해도 신체가 건강해 농사일을 비롯한 힘든 일은 모두 잘할 수 있어 열심히 농사일을 배웠다. 그래서 마을에서 농사일을 제일 잘하는 큰 농사꾼이 되었다. 겨울철 농한기에도 쉬지 않고 땔감 나무를 하러 깊은 산을 오르내리고, 따뜻한 봄철에는 조금 먼 곳에 있는 소백산 산비탈을 수없이 누비며 약초를 캐러 다녔다. 그렇게 부지런히 노력한 결과 병태는 논마지기를 장만할 수가 있었고, 먹을 양식 걱정 없이 부모님을 정성껏 모시고 잘살 수 있게 되었다.

그리고 병태가 사는 광시 마을에서 남간고개를 넘어 조금 떨어진 곳에 '사일' 이라는 조그마한 마을이 있었다. 이 마을에는 바느질과 농사일을 잘하는 효심이 지극한 춘심이가 살고 있었다. 춘심이는 부모님이 일찍 돌아가셔서 부모의 정을 느끼지 못하고 외롭게 어려운 생활을 하고 있었다. 그래서 그런지 어른에 대한 존경심과 효심이 남달라 살고 있는 마을 어르신들을 친부모님과 같이 성심껏 모시는 마을 효녀였다.

어느 봄날 춘심이와 친구들이 깊고 깊은 소백산에 산나물을 캐러 갔다. 때마침 병태도 농사일도 없고 땔 나무도 많아, 부모님의 노환 기침에 좋은 약초를 캐러 새벽에 혼자서 소백산에 올라 평소 잘 알고 있는 산등성 이곳 저곳에서 약초를 캤다.

비탈진 산자락에서 병태는 내려오고 춘심이 일행은 올라가면서 그들은 처음 만나게 되었다. 병태는 춘심이 일행들과 마주치는 순간에 키가 좀 크며 복스러운 춘심이가 먼저 눈에 띄었고, 살짝 웃으며 미소 짓는 모습에 심장이 잠시 멈추는 것 같았다. 춘심이도 구릿빛 얼굴에 약초 망태를 메고 지나치는 건장한 사나이 모습을 보면서 순간적으로 가슴이 두근거렸다. 서로 마주칠 때 머뭇거리는 시간은 있었으나 눈인사만 하고 서로가 아무 말도 하지 못하고 산을 내려왔다.

그때 춘심이 일행 중 옆에 있던 친구가 춘심이에게 귓속말로 마주친 청년은 남간고개 밑 광시마을에 살고 있는 임 씨라고 말하며 이름은 모른다고 했다. 그리고 임 씨는 부모님을 모시고 농사일 하면서 성실히 살아가고 있는 노총각이라 귀띔했다.

그날 이후 병태는 아쉬움이 남아 수도 없이 소백산을 다시 찾았으나 춘심이 일행을 다시는 만날 수가 없었다. 병태는 춘심이 생각에 설레는 마음으로 새봄을 보내고 농사철을 맞아 이 마을 저 마을 돌아다니며 닥치는 대로 일을 하면서 춘심이를 찾아 다녔다.

그러던 어느 날 남간고개 너머 사일마을에 모내기 일을 하러 갔다가, 오전 일을 마치고 점심을 먹으려고 논둑으로 걸어 나오는 그 순간 깜짝 놀랐다. 꿈에서도 보고 싶고 만나고 싶었던 춘심이가 주인집 일손을 도와 점심식사를 준비하고 있었던 것이다. 춘심이 몰래 뒤로 가서 왈칵 껴안고 싶은 심정이었으나, 아직 인사도 없는 사이인지라 꾹 참고 마음을 달랬다. 그 순간 춘심이도 병태를 보고는 가슴이 설레었지만 서로 눈인사만 나누며 한마디 말도 못하고 아쉬운 점심시간이 지나갔다.

그런 만남이 있은 후 병태는 아무리 힘든 일이라도 춘심이가 살고 있는 사일마을 일이라면 즐겁게 하면서 남간고개를 넘나들었다.

그 후 병태와 춘심은 만나면 만날수록 정이 더욱더 깊어져 어느덧 사랑으로 변해 춘심이가 살고 있는 사일마을 앞 수청고개에서 하루건너 만났다.

한여름 밤이 되자 그들은 은하수 병풍 밑 언덕에 가지런히 누워 별들을 바라보면서 하루의 피로를 정다운 사랑이야기로 풀었다. 그러한 사랑의 이야기가 절정으로 꽃피었을 때, 늦은 밤 헤어져야 하는 아쉬움을 참지 못한 병태가 별안간에 청혼하기로 마음먹고 큰 용기를 냈다.

"춘심아, 우리 그만 결혼할래?"

"갑자기 왜 그래요."

"낮에 늦게까지 일하고 밤에 니 만나러 댕기는데 시간이 없데이. 시간도 아끼고 힘도 덜 들게 한집에 살자는 거지."

"집에 가서 좀 생각해보고 이다음에 말해 줄게요."

"그럼 잘 생각해 보거래이."

작별인사를 하고 돌아온 춘심이는 이 생각 저 생각에 밤잠을 이룰 수가 없었는데, 새벽녘 꿈에 돌아가신 어머니가 나타났다.

"춘심아, 그동안 혼자서 고생 많았제."

"어, 엄마아!"

"인제 고생 그만하고 좋은 사람 만나서 행복하게 잘 살거래이."

"예, 엄마. 그럴게요."

꿈에서 어머니를 만난 뒤 춘심이는 더 이상 망설이지 않고 병태와 혼인하기로 마음먹었다.

춘심이가 지난 밤 꿈속의 어머니 이야기를 병태에게 들려주며, 전날의 청혼을 받아주자 병태도 신명이 나서 결혼 준비를 서둘렀다.

그해 초겨울을 맞아 농사일을 대충 마무리 짓고 병태와 춘심이는 주위 사람들의 축복을 받으며 병태네 집에서 조촐한 결혼식을 올렸다. 효심이 지극한 병태와 집안일 잘하는 춘심이가 만나서 비록 가난한 살림이지만 부모님께 효도하며 아옹다옹 잘 살았다.

그런데 이들의 신혼이 지난 얼마 후에 나라에 큰 흉년이 들고, 또한 마을마다 돌림병이 돌아 이 마을 사람들도 많이 죽었다. 그 돌림병에 그만 춘심이도 희생되고 말았다. 하늘이 무너지고, 땅이 꺼지는 것이 이 슬픔보다 더할까. 큰 행복도 바라지 않고 소박하게 살고 있는 병태에게는 몸과 마음으로 이겨낼 수 없는 가혹한 형벌이었다.

병태는 사랑했던 아내 춘심이가 죽은 후로 일이 손에 잡히지 않아 매사에 의욕을 잃고 낙담했다. 하늘과 땅, 산과 들 춘심이가 없는 이 세상 모두가 보기 싫었다. 사랑스럽고 불쌍한 춘심이를 생각하면 생각할수록 눈물이 저절로 났다. 그런 춘심이를 잊지 못해서 허구한 날 독한 술로 나날을 보냈다. 술로 아름다운 청춘을 불사르고 있는 동안에 부모님은 늙고 병들어 갔다.

어느 날 병태는 앞마당에서 일하시는 늙은 부모님의 병든 모습을 보고 그제야 정신이 번쩍 들었다. 병태의 타고난 성실한 성품과 효심이 아내의 죽음에 잠시 가리었다가 다시 나타나기 시작했다. 정신을 차려보니 그동안 모은 논마지기 재산도 술값으로 모두 탕진하고 없었다. 그리고 병태의 튼튼한 몸도 술로 인해 약해 져서 날품팔이 일도 할 수가 없게 되어 뒤늦게 후회하고 술을 끊기로 마음을 굳게 먹었다.

타고난 별다른 재주도 없고 해서 인근 야산에 땔나무를 하러 다니는 초라한 나무꾼이 되었다. 하루이틀 산에 오르다 보니 건강도 점차적으로 회복되었고, 그동안 술로 세월을 보내고 부모님을 병들게 했다는 자책감에 타고난 효심이 나타나기 시작했다.

병태는 부모님이 걱정하실까 봐 나무가 많은 큰 산에는 가지 못하고 인근 야산에서 매일 조금씩 땔나무를 모아 한두 짐이 되면 5일장인 영주 장날에 내다 팔아 생활비를 마련했다.

부지런하여 매번 장날마다 나뭇짐을 팔 수 있었다. 돌아오는 길에 부모님의 약을 짓고 장을 보아 부모님 밥상에는 매일 고기반찬을 빠뜨리지 않았으나, 본인에게는 가혹할 만큼 냉정했다. 그동안 병태는 장터를 수없이 오르내리고, 한여름에 목이 말라 갈증이 심하게 나도 자신을 위해서는 시원한 막걸리 한 잔 안 마셨다.

이러한 병태의 효성은 동네를 벗어나 이웃 마을에서 이웃마을로 소문이 나서 영주 고을에서 효자, 효도하면 광시마을 병태였다.

어느덧 세월이 흘러 부모님 병환도 점점 깊어져가고 병태도 나이가 들어 힘이 점차적으로 약해지게 되었다. 그러던 어느 날 병태는 평소와 같이 땔나무를 한 짐 해서 집으로 돌아오는 길에 그날따라 나뭇짐이 한층 더 무겁게 느껴졌다.

세월이 준 나이를 속일 수 없다고 생각하고, 한편으로 무질서하게 방탕한 생활을 보낸 지나간 세월을 속죄하는 마음으로 걸음을 재촉했다.

큰 바위 앞을 지나자마자 갑자기 다리에 힘이 빠져 더 이상 걸을 수가 없어서 시원한 소나무 그늘 밑에서 잠시 쉬어 가기로 했다. 나뭇짐을 내리고 한숨을 몰아쉬며, 피곤한 몸을 추스르기 위해 잠시 누웠다.

그 순간 갈증이 심해지고 시원한 막걸리 한 잔, 대포 술이 생각났다. 그러나 읍내장터 주막도 아니고 깊은 산중에서 막걸리를 구해서 마신다는 것은 꿈같은 생각이었다.

소나무 그늘 아래서 눈을 지그시 감고 이 생각 저 생각하던 중 때마침 부는 솔바람에 그만 깜빡 졸고 말았다. 그때 꿈속에서 소백산 신령님이 나타나서 크게 호령했다.

"야 이놈아야, 병든 부모를 집에 두고 여기서 시원하게 낮잠을 자고 있는 불효막심한 놈!"

그때 병태는 비몽사몽간에 호통 소리를 듣고 너무 심하다 생각해 되물었다.

"저도 이제 나이를 묵어 아부지 어무이 모시는데 소홀한 점이 좀 있니더."

"그래도 그렇지 집이 코앞인데 여기서 자고 있나."

"짐이 무거워 잠시 쉬고 있니더, 이해하이소."

"이놈아가 그래도 정신을 못 차리네."

"갈증이나 막걸리 한 잔 생각한 것이 큰 잘못이니겨?"

"어허, 잔말이 많구나."

"장터에서 그렇게 목이 타도, 술 한 잔 안 묵고 이날까지 살아왔니더."

"그래도 이놈이 변명만 하는구나."

"예, 알았니더. 곧장 집에 가니더."

"이놈이 아직은 효심이 남아 있구나."

"신령님요, 너그럽게 봐 주이소."

소백산 산신령이 병태의 지극한 효심을 다시 한 번 확인하고는, 산에 다니면서 갈증 난 목을 축이며, 자주 쉬어 갈 수 있도록 큰 바위 뚜껑 밑으로 술을 내리면서 근엄하게 말했다.

"그래, 그동안 고생이 많았다. 너의 효심이 갸륵하여 이 바위에 술을 만드는 술용을 내리니 지나치다 목이 마르면 이 술을 약으로 삼아 한 잔씩만 마셔라."

"예, 산신령님. 감사하니더."

"이 약술은 딱 한 잔만 마셔야 한다. 술에 대한 욕심을 버리지 않고 탐욕하면 몸을 크게 상하게 된다. 이 말을 꼭 명심하거라."

"예, 잘 알겠니더. 명심할게요."

"그럼 나와 한 약속을 지키고, 부모님께 효도하며 오랫동안 잘 살거라."

"예. 어, 무슨 술, 약술이라고요?"

깜짝 놀라 잠에서 깨어난 병태가 나뭇짐을 다시 지려고 하자 그 순간 큰 바위 주변에 음악과 함께 오색구름이 몰려오면서 바위 뚜껑 밑에서 술이 흐르고 있었다. 꿈속에서 산신령이 내린다던 약술이 신기하게도 바로 눈앞에 현실로 나타났다.

술을 내린 소백산 산신령님께 큰절을 올리고 도토리 나뭇잎으로 술잔을 만들어 한 잔을 받아 갈증을 해소했다. 연이어 두어 잔을 먹고 싶은 욕망이 솟았으나 딱 한 잔이라는 약속이 떠올라 나뭇짐을 고쳐지고 곧장 집으로 돌아왔다.

병태는 부모님께 꿈 이야기와 남간고개 밑 큰 바위 뚜껑에서 약술이 흘러내리고 있다는 이야기를 전했다. 부모님도 아들 효성이 지극하여 하늘에서 내린 상으로 여기고 매우 기뻐하며, 그동안 고생한 아들 병태를 크게 칭찬했다.

다음 날 병태는 다시 큰 바위를 찾아가서 그 부근을 깨끗하게 정리하고 지나가는 나그네가 꼭 술을 한 잔만 마실 수 있도록, 친구가 적어준 일인필유일작배(壹人必有壹酌盃)라는 글귀를 걸고 큼직한 표주박 술잔도 마련해 두었다.

큰 바위 술 이야기는 입에서 입으로 소문이 번져 나가 인근 고을은 물론 먼 지방까지 소문이 났다.

그 후 병태는 매일 술 바위로 가서 주변의 청소를 깨끗이 하고 막걸리 술 한 잔은 쭉 마셔 갈증을 해소하고, 두 잔은 부모님 몫으로 받아와서 노부모님께 각각 약으로 올렸다. 그 지극한 효심과 약술의 효험이 나타나서 부모님을 오랫동안 괴롭히던 속병도 고치고 행복하게 오랫동안 잘 살았다.

그 후 바위에서 술이 계속 흘러 내려서 마을 사람들은 이 바위를 술바위라 했다. 그러나 소백산 산신령이 나무꾼 병태의 효심에 감탄하여 내려준 그 명약 약술이 인간의 탐욕과 술주정 때문에 그만 말라버렸다.

지금은 그때 술이 흐른 자국이 흰 줄로 표시되어 있어 이를 증명이라도 하고 있다. 현재 술바위에서 술이 더 이상 흐르지 않는 사유가 다음과 같이 전해지고 있다.

영주고을 인근 돗밤실 마을에 평소 술을 좋아해서 글공부를 등한시하는 '탁' 이라는 성 씨에 이름은 '배기' 라는 도령이 살고 있었다. 탁 도령은 부유한 집안에 태어나, 어린 시절에는 서당에서 글공부를 열심히 해서 부모님과 집안 어른들은 장차 이 나라에 재상감이 될 큰 재목으로 여기고 있었다.

그런 탁 도령이 남간고개에 있는 서당에 글공부 하러 오고 가며, 이 술바위 옆을 지나다니면서 술을 한 잔씩 마시는 재미를 느끼게 되었다. 그러다 사춘기에 접어들면서 술의 유혹에 빠져 글공부는 등한시하고 부모님의 눈을 피해 주막을 자주 찾았고 그러다 보니 술 중독이 되어 술로 인한 실수도 많아졌다.

술을 좋아하는 중에도 탁 선비는 초시에 합격하였고, 과거시험에 응시하러 이곳을 지나칠 때는 술 한 잔을 정성껏 받아 마시고 급제 소원도 함께 빌면서 한양으로 향했다.

대과에는 여러 번 응시했으나 운이 따르지 않아 번번이 실패하였고, 마음이 상할수록 술과는 더욱 친해졌다. 그러는 동안 세월이 흘러 마지막으로 대과시험에 응시하였으나 나이와 주독의 영향으로 그만 낙방하고 말았다.

탁 선비는 귀향하는 길에 지나는 고을 주막마다 들러서 상한 마음과 울분을 달래며, 낙방주를 마셨다. 영주 고을에 당도하자 고향 집에 왔다는 안도감에 평소에 자주 가던 주막에 들러서 친구들과 어울러 위로주를 주고받으며 마음 놓고 한잔했다.

해가 지고 초저녁 어둠이 내리기 시작할 무렵이었다. 탁 선비는 술을 너무 많이 마신 탓에 정신이 몽롱한 상태로 이곳 술바위를 지나치게 되었다.

탁 선비는 솔숲 어둠 속에 술바위를 그동안 자주 찾았던 주막인 줄로 착각하고, 주위에 소나무들을 술친구로 생각해서 그만 술바위 앞에 퍼질러 앉았다.

술 바위에서 흘러내리는 술을 주모가 따라주는 낙방주로 생각하고, 옆에 있는 소나무에게 건배를 제의하고는 표주박 술 한 잔을 단숨에 쭉 마셨다.

그러자 주막에서 마셨던 술과 술바위의 약술이 배 속에서 혼합되면서 취기가 두 배로 올랐다. 취기가 다시 오르자 술바위와 소나무를 대화 상대자로 알고 횡설수설하는 등 술 욕심이 생겨서 그 자리를 떠나지 못했다.

술이 술을 부른다고 술 욕심이 발동되어 한 잔 마시고 그만 마셔야 한다는 불문율도 잊어버리고 또 한 잔 거하게 마시려 했다. 때마침 지나가는 과객이 이를 보고 극히 말렸으나, 술 힘으로 말리는 과객을 뿌리치고 또 한 잔을 마셔버렸다. 그 순간 산신령이 나타나 탁 선비의 과욕을 크게 훈계를 했다.

"야 이놈! 이제 그만 처자식이 있는 집으로 가게."

"신령님, 낙방했다고 흉보는 거요?"

"한 잔은 위로주지만 두 잔은 과욕일세. 어서 일어나게."

"한 잔의 규율을 어겨도 아무 탈이 없네요."

"오늘 기분을 이해하네, 한 번 실수는 특별히 용서를 하지."

"신령님, 꼭 한 잔만 더 주이소."

"그래도 이놈이 욕심을 가라앉히지 못하는구나."

"또 한 번 더 용서해 주이소."

"야, 이놈, 고얀 놈!"

그러는 동안 탁 선비는 산신령의 훈계도 듣지 않고 주위 과객의 만류도 뿌리치면서 술바위 술을 욕심껏 연거푸 마셔버렸다.

이를 어쩌나, 그 동안 수천 년 내려오던 술바위의 불문율 '한 잔의 술' 을 그만 어기고 말았다.

옆에서 이를 만류하던 과객들도 깜짝 놀랐고, 조용하게 훈계하던 산신령도 노발대발하면서 술바위에 살고 있던 술용을 천상으로 불러 올렸다.

그때 주위가 깜깜하게 어두워지면서 마른하늘에서 번개가 치고 벼락이 떨어지고 천둥이 울리며 큰 폭풍우가 내렸다. 그 폭풍우 사이로 술바위의 술용이 빗줄기를 타고 하늘로 등천해 버렸다.

탁 선비는 욕심이 너무 과해 '한 잔의 규율' 을 어긴 죄로 벼락에 맞아 형체도 없이 사라졌다. 잠시 후 폭풍우가 그치고 천지가 조용하였으나 술바위에서는 더 이상 술이 흐르지 않았다. 안타까운 심정으로 마을 사람들이 뜻을 모아 술용이 좋아하는 음식을 장만해 제사도 올리고, 이름 있는 무당을 불러 굿을 해봐도 술용은 끝내 돌아오지 않았다.

그 후로 현재까지 술이 흐르지 않은 술바위로 남았다. 또한 영남 지방에서 막걸리를 '탁배기' 라 부르는 이유가 이 술바위 이야기에서 유래되었으며, 이 술바위 이야기는 인간이 탐욕을 부리면 불행을 초래하게 된다는 큰 교훈을 우리들에게 주고 있다.

그 후 술바위에서는 한 잔의 술도 마실 수 없는 안타까운 실정이었으나, 다행히도 근간에 술 바위가 있는 부근 산에서 자그마한 우물이 발견되었다. 그 우물에서 물을 길러 술을 빚으면 술맛도 좋을 뿐더러 술이 쉬 변하지 않아 주위에서는 이 우물을 이용해 특별한 민속주인 홍삼막걸리, 인삼막걸리, 호두막걸리, 선비막걸리, 비수리(야관문)막걸리 등 가양주를 제조하여 조금씩 판매하게 되었다. '탁배기', 그 향기로운 술맛과 약효가 입소문 나기 시작했고 술바위 주변 주막에서는 한 잔만 하는 불문율도 없어져 막걸리 애주가들이 기분에 따라 마음껏 마실 수 있게 되었다. 그 후 술바위 주변에는 우후죽순 격으로 탁배기집이 생겨서 100여 호가 장사를 하다가 정리되어 현재는 10여 호가 막걸리를 팔고 있다. 막걸리 안주도 계절에 따라 용암 미나리, 부석태 두부, 순흥 메밀묵, 장수 도토리묵, 영주문어 등으로 애주가의 기호에 맞게 다양하다.

또한 이 술바위는 눈이 오나 비가 오나 계절에 관계없이 시민은 물론 영주를 찾는 관광객들이 꼭 들르는 관광 명소가 되었다. 시 당국에서도 이를 축제 행사로 영구 보존하기 위해 해마다 인삼 축제와 병행해서 술 바위 축제행사를 하며 관광객과 애주가들에게 볼거리와 먹거리를 제공하고 있다. 또한 술바위 축제 행사 날에는 시민이면 누구나 집안에서 내려오는 전통 가양주 막걸리를 제조해서 관광객들에게 시음도 시키고 저렴한 가격에 팔 수 있도록 시에서 모든 협조를 하고 있다. 축제 행사 일부인 막걸리가양주 대회에서 우승 또는 우수함을 인정받은 막걸리는 시가 전문적으로 육성해서 전국에 시판할 수 있도록 특별 지원을 하고 있어, 본 행사가 지역사회 산업 발전에 크게 이바지하고 있다.

술바위는 옛날 글공부하는 선비들의 쉼터로 소문이 났다. 남간고개 밑에는 남간서당(본 서당은 12문중이 공동 출자한 유일한 서당임. 대부분 서당은 개인이나 문중이 설립)이 약 400년 전에 설립되었고, 오늘날 술바위 주변에 8개 초 · 중 · 고등학교가 자리 잡고 있다.

그리고 언제 누가 저질렀는지 알 수 없는 전직 군수의 치적 기념 군수조공영화청백인애비(郡守趙公永和淸白仁愛碑) 글을 술바위 정면에 새겨놓고, 옆에 있는 작은 바위에는 10명의 이름이 새겨진 경술십노암(庚戌十老岩)이라는 비석이 세워져 전설이 깃든 술바위와 그 주변을 훼손해 보는 이로 하여금 마음을 아프게 하고 있다.

이를 빠른 시간에 정비하고, 땅에 묻힌 우물을 발굴하는 등 축제가 가능하도록 술바위 주변의 공원화 계획도 서둘러야 할 것이다.

▣ 최정린

경북 경주 출생. 영주문예대학 제7기 수료. 동양대 사회복지사. 대한노인회 취업지원센터장.

영주문예대학 제1기생

회/원/작/품

혀 외 2편

— 엘리베이터

김 경 미

— 문이 열립니다

앞서거나 혹은,
뒤에 서서
잘 꾸몄거나 혹은,
밋밋하게
누군가의 손을 잡았거나 혹은,
짐을 들었거나
이리 튀고 저리 튀며 일제히 얽혀 버린다

빨리 가는 거짓이나 천천히 오는 진실이 된다

— 문이 닫힙니다

꺼졌던 배가 소리를 싸악 가두고
생각 물어뜯기를 시작한다
예수도 아닌 것이 삼일 만에 부활하지는 않겠지
아직은 아쉬운 너를 차마 놓지 못하고
열등감을 털며 빨갛게 침묵할 뿐이다

그것을 입에 물고 내가 나를 묶었다

詩

언젠가 다시, 은행나무로

여여(如如)한 길에 대한 단 하나의 긍지
뿌리는 강력한 박동으로 은밀한 성장을 계속한다

별과 별 사이
아이들이 날리는 오줌발 타고
꽈배기처럼 솟아오르는
색깔, 선, 옹이, 냄새

나는 다 부었다
나는 다 받았다

내 속을 지나며
수런거리다 굳어 버린 수천, 수만 개의 혀
잔가지들이 뒤얽힌 곳에
내려앉은 새들의 날개

긴 잠이 심심하여 웃음과 눈물을 만드는
마술적인 위력을 펼치다
비틀거리는 노래에 춤 좀 까딱까딱 춰 주면
왠지 따끔하다는 바람결 덕분에
혼자만,
위로받는 역사로 서 있다

풋술

밤중에 구두 발갛게 닦아 놓고서
절구질하던 토끼도 떠나 버린 달을
낚아채
약간의 시간과 정성을 들여 대청소를 했다

삶의 뒤편을 돌려 돋보기를 들이대도
장기투숙하던
그대,
나를 두고 돌아서 성벽처럼 등을 보였다
꽁무니를 보이며 출발해 버리는 버스
남자가 주는 이별에
오도 가도 못 하고
배시시 웃다가
이어진 길마다 추억이 흐르게
전봇대 하나 심어 놓고
꽃등을 달았다
그리고 술에 감겼다

갑작스런 비가
잔소리를 쏟는다

■ 김경미

시명 반경. 『월간문학』 시조 부문, 『시와소금』 시 부문 등단. 제8회 세계문학상 시조 부문 본상 외 다수 수상. 한국문인협회, 영주문인협회, 시조동인 오늘, 시와 소금 회원. 영주문예대학 제1기 수료.

詩

몸살 외 1편

박 성 우

창을 반 쯤 열었다
굵은 밤송이 떨어지며
가을이 들어온다

햇살 섞인 꽃술
요동하는 풀내음

창끝에 걸린 노을
삶의 불순물과 잡념을 태우는
가을빛 따라

키로 까분 쭉정이는
숨겨둔 얼굴을 드러내고
정성스럽게 고른 알곡들은
건강한 웃음꽃으로 핀다

순간
몸부림으로 이는 북에 계신 아버지
짓물러져 속이 긁힌
두 동강의 설움을 따라가다
지친 북쪽을 바라보니
나뭇잎 붉게 누운 산길엔
병든 꽃들만 지천이다

어떤 배웅

하늘 여행 채비를 하던
할머니 병상 앞에서
두 손을 힘겹게 잡는다

가을을 안던
정직한 손녀의 손짓

곰보 자국 듬성듬성
구절초 한 다발
옛이야기 흩어지는
할머니 마른 호흡을 지키고

말없는 손사위만
가을바람에 부딪힌다

■ 박성우

전국 죽계백일장 장원, 전국 서하(西河)백일장 대상 수상. 한국문인협회 영주지부 회원. 영주문예대학 제1기 수료.

단풍 외 2편

이분남

마음이 가난하여 서러운 마음일 때는
눈을 들어 가을 산을 볼 일이다
큰 나무 작은 나무 가리지 않고
온갖 색깔로 물든 단풍을 볼 일이다
하루하루 열심히 살아온 자의 충만한 자신감 같은
저 눈이 부신 가을 산을 볼 일이다
우리도 저와 같이 인생의 가을이 오면
따사로운 빛깔로 가난한 마음
녹일 수 있는 고운 단풍이
되고 싶은 것이다

길

꽃속에는 눈물이 있어요

촉촉한 아픔 묻어 있어요

봉화읍내 사진관에 가면

꽃으로 피어난 금자 씨가 서울대 출신 아들과

대학병원 간호사인 딸 속에 파묻혀

꽃처럼 웃고 있어요

어두운 밤길을 헤치고

차가운 강물을 건너서

나 여기까지 왔다고

게으른 내 눈을 바라보며 웃고 있어요

산고의 아픔 없이 피는 꽃은 없다고

가시밭길 자박자박 걸어온 그녀가

울퉁불퉁 돌길 지나면

살랑살랑 꽃길 찾아온다며

봄날 황사 같은 내 마음을 자꾸 어루만져요

詩

참 좋다

사십을 넘어서니 보이는 것 많아 참 좋다

사십을 넘어서니 들리는 것 많아 참 좋다

사십을 넘어서니 사랑할 것 많아 참 좋다

■ 이분남

경북 봉화 출생. 영주여자고등학교 졸업. 경북여성단체협의회 주최 백일장 차상, 전국 죽계 백일장 대상 수상. 봉화문인협회 회원. 영주문예대학 제1기 수료.

| 수필 |

해피

한 영 미

어릴 적 내 별명은 '개를 사랑하는 여인' 이었다.

초등학교 1학년 때에, 6학년이었던 언니가 지어준 별명이다. 별나게 강아지를 좋아하는 나에 비해서 강아지가 옆에 있어도 보는 둥 마는 둥 했던 언니가 지어준, 애칭이라는 느낌이 전혀 없는 무덤덤한 별명이었다. 실은 집에 놀러 온 언니 친구들에게 갑자기 나를 소개하면서 즉석에서 지어진 별명이다.

그해, 옆 동네에 살던 큰집의 스피츠가 새끼를 낳자 우리 집에 한 마리를 가져왔는데 온통 하얀 털을 가진 작고 예쁜 강아지였다. '해피(happy)' 라는 이름을 지어주었고 우리 일곱 식구의 사랑을 받으며 잘 자랐다.

나는 해피가 우리 집에 온 뒤부터는 학교를 마치고 집에 돌아오면 해피가 잘 있는지 확인해야 했다. 다른 데에 가서도 하얀 스피츠만 보면 그냥 지나치지 못하고 꼭 '해피!' 하고 불러봐야 했다.

해피는 낯선 사람이 집에 들어오면 경계심에 으르렁거리며 성이 나서 있다가도 내가 이름을 불러주며 목덜미와 등을 쓸어주면 금방 순해져서 꼬리를 흔들면서 혀로 내 손을 핥아주고 하는 모습이 여간 귀여운 것이 아니었다.

동생이 둘이나 있었고 3학년 때는 늦둥이 막냇동생이 태어났는데, 해피도 우리랑 같이 우리들의 키가 자라듯이 함께 성장했다. 그러다 해피는 내가 6학년이 되었을 때 팔려갔다. 해피가 나이가 들어가자 어른들께서, 개를 오래 키우면 안 된다고 종종 말씀하시는 걸 세뇌처럼 듣다 보니 나는 언젠가는 해피가 우리 집을 떠날 것이라는 막연한 생각을 가지고 있어서인지 담담하게 받아들였다.

6학년 어느 날이었다. 학교를 마치고 집에 돌아왔는데 내가 대문을 열고 들어가면 컹컹 짖으면서 꼬리를 요란하게 흔들며 반겨줘야 할 해피가 웬일인지 조용했다. 번뜩 혹시나 하는 생각에 해피의 집으로 다가가보니 해피의 목에 끼어 있었던 체인의 고리가 빠진 채 문 앞에 떨어져 있었다. 밥그릇도 엎어져 아무렇게나 나동그라져 있었다. 마당을 빙 둘러보아도 해피는 없었다.

나는 힘이 쭉 빠졌다. 며칠 전부터 조금 낌새가 있었지만 막상 해피가 없어지니 눈물이 났다. 아무 말도 못하고 해피 집이 보이는 창문 앞의 평상에 앉아서 눈물을 삭여야 했다.

해피의 여운은 오래갔다. 그 후 아버지께서 몇 번 더 다른 강아지를 가져와서 키워봤지만 해피만큼 정을 줄 수가 없었다. 황토색 똥강아지는 하얗고 고고한 해피와는 비교가 안 되었다. 혹여 같은 하얀 털의 복스러운 스피츠 종류의 강아지라 할지라도 나의, 사랑스러운 해피의 눈동자는 아니었다.

요즘 우리는 애완견 등록 시대에 살고 있다. 어디를 가든지 애완견 병원은 물론이거니와 강아지 전용 미용실도 있고, 대형마트나 동네의 작은 구멍가게에서도 강아지용 음식을 사는 것은 그리 어렵지 않다. 거리에는 머리에 예쁜 핀을 꽂고 주인의 품에 안겨서 까만 눈동자로 낯선 사람들도 아랑곳하지 않고 사랑스런 표정으로 이리저리 살피고 있는, 팔자 좋은 견공들을 심심찮게 볼 수 있다. 그 모습은 귀엽고 미소가 지어지기도 하지만, 한때 개를 무척이나 사랑하는 여인이었던 나도 눈살이 찌푸려질 때가 많다.

얼마 전 뉴스에 사회복지의 선진국인 스웨덴에서 노인들에게 설문조사한 내용이 보도되었다. '평생에 후회되는 일이 있다면?' 하는 내용이었다. 1위는 반려견과 함께하지 않은 것이었다. 나는 적잖이 놀라웠다. 아마도 일찍부터 자녀를 자립시키는 서양문화에서 있을 법한, 앞으로 우리 문화도 그렇게 바뀔 수 있을 거란, 그래서 사람들의 여생을 위무해 주는 예쁜 견공들이 고맙지 않겠는가?

하물며, 갓 태어날 때부터 아니 엄마의 배 속에 깃들 때부터 인생의 둘도 없는, 특별하고 빛나는 사랑과 행복을 가르쳐 주었던 세월호의 어린 눈동자를 그 어느 부모가 어떻게 가슴에서 단 1초라도 내려놓을 수가 있겠는가?

우리의 위로는 그 무엇도, 예쁘고 귀한, 반짝이며 눈을 맞추던 아이들의 사랑스런 그 눈동자를 대신할 수가 없는 것이다. 해피할 수 없는 것이다, 기필코.

■ 한영미

월간 『문학세계』 수필 부문, 제39회 샘터상 장원 수상으로 시조 부문 등단.
영주문예대학 제1기 수료.

영주문예대학 제2기생

회/원/작/품

겨울은 dB을 부르네 외 1편

서 희

가루눈 내리는 소리를 듣다 보면 심장 박동 수가 같아지는 순간이 온다. 태초부터 그녀와 나는 같은 dB*이었다. 노래에 빠져드는 동안 음악이 가보지 않은 겨울 길로 안내한다. 한밤중 아이를 두고 떠나는 여인의 마음으로, 꽝꽝 언 심장처럼, 발자국 하나 없는 하늘길로도,

그대로의 쓸쓸함을 더듬어 볼 뿐이었다.

* dB : 소리의 크기나 강도를 수치로 나타낼 때 사용하는 단위.

詩

그녀는 스푸마토*

1
그럼에도불구하고나는그녀를사랑할것만같고
다시는사랑하지않을것만같고
두손으로퍼올려아기에게물한모금먹일것만같은데
아기는눈을뜨고먼지끼지않는마음을전하는데
어떻게해야목이메이지않고그녀를부를수있을까
백년이고천년이고묵은시간의즙을먹일수있을까

2
아처음에나는미약한숨소리였는데아득한것을끌어당긴그리움이었는데
멀리있는그녀가쉬못놓는마음한자락이안타까움이속수무책한주먹안개
같은것이었는데

3
당신 얼굴은 흐릿한데
자궁 밖을 서성인다
목단향 같은 시간을 피우기에
충분한 달력이 찢겨졌지만
머리카락이 자라는 동안
옷자락 사이로 차가운 겨울이 몇 번 지나갔다
당신은 혼자 밥 먹는 나를 더듬으려

안개가 되고 구름이 되어 하늘 높은 곳에서
내 눈꺼풀을 두드린다

* 스푸마토 : 레오나르드 다빈치의 모나리자 뒷면을 흐릿하게 그리는 기법.

▣ 서희

본명 서춘희. 『시와 세계』 등단. 영주문예대학 제2기 수료.

詩

편견 외 1편

최 한 규

내 안에는 버릴 수 없는
굴곡진 작은 거울이 있습니다
보이는 모든 것들이 거울처럼 비춰집니다
하나님마저 그렇게 보여집니다

사실의 전체를 보려고
거울 가까이 들여다보면
고집으로 가득 찬
두 개의 눈이 보일 뿐입니다

연세 지긋하신 시인께서 움켜쥔 것 버리고
고개 들고 둘러보라고 일러주셨습니다
그러면 다 볼 수 있다고 하셨지만
나와 상관없는 말이었습니다

연륜이 쌓여가면서
아파오는 허리 펴고 둘러보니
굴절되어 보이던 작은 부분 부분 전체가
다르게 보여집니다

그래요 시인의 말씀
전체가 한눈에 보여 오네요
그런데 한눈에 들어오는 전체가
점점 흐려져 가는 것은 웬일일까요.

기다려지는 계절

부정(不正) 을 씻은 강물이 바다로 흘러든다
하늘에서 지심(地心)을 돌아 다시 강으로 돌아와도
아직도 못다 씻은 부정의 마음을 씻으며 산다

사계절 다음 계절을 목마르게 기다리며
서른일곱 해 훨씬 이전부터 두 손 들어 하늘을
우러르며 십자가 탑 너머를 바라보며 살아온 세월이
하루가 천 년이듯 내 마음이 고목으로 자랐다가
다시 몇 번을 더 고목으로 자라야 하고 몇 번을 더
열매 맺어야 하는가

사계절 다음 계절을 기다리는 사람들은 파수꾼이
아침을 바라는 마음보다 더 간절한 마음으로 오늘도
강물에 마음을 씻으며 묵시록을 읽는다.

■ 최한규

강원도 양양 출생. 『월간문학』 등단. 영주문예대학 제2기 수료. 영월 연광교회 담임목사.

詩

향기 외 2편

황 연 숙

잿물로 가라앉은 슬픔
허덕이며 살아가는 세상이
이렇게 작아질 수 없다

기억이 출렁이는 주름들
다시 삶이 마모되고
이따금씩 진실만 간절해진다

저리도 눈부신 햇살
고운 바람결
세상 누구에게나 고운 손길로 보듬어 주시니
선물은 물질이 아니라
기억되어지는 것이다

우리는 같은 모서리를 나눠 가진다

삶의 행간에 향기를 낸다

309호 풍경

팔순이 넘은
어머니
다리 힘줄이 끊어진 줄도 모르고
아픔을 속으로만 삼키시다
밀려오는 통증에 병원을 찾아
응급수술을 하셨다

309호
그곳에는
목욕탕에서 넘어져 어깨 팔이 부러지신 팔순 할머니
걸어가다 발가락뼈 다리뼈 부러지신 60대 고운 언니들
계단을 헛디뎌 발목이 부러진 40대 아줌마
오랜 세월 압박으로 척추 뼈가 내려앉은 88세 할머니
마지막 손님,
무릎 수술로 309호 식구가 되신 어머니

여섯 명이 309호에서 한 식구가 되었다

60대 우아한 언니는
병원에 있는 동안 시간이 정지되어
한 달이 그냥 지나가 버렸다고
두 발로 걸어 다니는 사람이
어깨를 다친 할머니는 두 팔을
휘젓고 걸어 다니는 사람이 제일로 부럽다고 하신다

詩

309호 언니들이
부러워하는 행복을
나는 다 가지고 있다
그래,
그 작은 행복이 어느 누군가에게는
가장 큰 소망이구나
행복은,
이렇게 두 발로 두 팔로 걸어 다님에 숨어 있었구나

섬이 있다

몸을 얻지 못한 마음의 입술
말을 얻지 못한 꿈을 더듬는다

내가 간밤에 목 놓아 울었다고 해서
다음 날 아침
세상이 멈추는 것은 아니다

가장 낮은 곳에서
젖은 낙엽보다 더 낮은 곳에서
그래도 라는
나의 섬이 있다

그래도 살아가는 사람들
아직도 캐내지 못한 꿈들
무수히 많은 자세로
새롭게 웃고 싶다

■ 황연숙

『문예사조』 등단. 삼도어울마당백일장 · 죽계백일장 장원, 교원예능실기대회 금상(시 부문) 수상. 영주문인협회, 구곡문학회, 경북여성문학회 회원. 영주문예대학 제2기 수료. 영주여자고등학교 근무.

영주문예대학 제3기생

회/원/작/품

무섬 가는 길 외 2편

조 경 자

1
콧노래 룰루랄라 자전거 타고 가면
금계국 망초꽃 연달아 피고 지고
모내기
끝이 난 무논
두루미 날아든다

2
갈대숲 지나면서 이어진 뚝방길
유난히 정이 가는 애잔한 하얀 망초
철 모른
키 작은 코스모스
시시각각 피고 있다

3
흐르는 강물 따라 산을 감싼 둘레길
이국 같은 풍경 속 추억의 영화처럼
줄지어
달리는 즐거움
너울너울 날아간다

4
늦은 비 애태우며 몸져누운 비탈이랑
목 타는 밭머리에 군침 도는 뽕나무

까맣게
익어가면서
돌아올 때 배웅한다.

적과(摘果)

요놈 저놈 솎아내면
새파랗게 질린 얼굴

좋은 세상 한 번쯤
살고 싶은 그 욕망

일찍이
눈뜨고 빼앗긴
피지 못한 짧은 생애

빈집

야생화 피고 지는 기척 없는 뜰 안
그리움 끌어안고 깨어진 항아리
두엄 옆
해종일 기다리며
키 크는 도토라지

웃음소리 그득하던 먼지 수북 쌓인 방
적막이 걸려 있는 깊이 잠든 자물쇠
부서진
미닫이 열면
반겨주실 울 엄마

할 말을 잊어버린 무너진 토담 아래
해진 기억 뒹굴며 짝 잃은 검정 고무신
흐르는
세월 속에 묻혀
잊혀가는 고향집.

▣ 조경자

경북 의성 출생. 한국크리스천문학가협회 회원. 영주문예대학 제3기 수료.

▲ 영주문예대학 수업

▲ 영주문예대학 수업

▲ 2015 영주문예대학 문학 기행 박경리문학관

영주문예대학 제4기생

회/원/작/품

사랑 외 2편

— 고전 13:4, 7의 해석

혜하 곽규진

사랑은
기다려주는 것
동구 밖에서
집 나간 아들을 기다리는
눈 먼 아버지의 고통

사랑은
덮어주는 것
수차 길거리로 나가
음란한 아내 고멜을
다시 집으로 데려오는
호세아의 마음

사랑은
그 사람의 처지에 서는 것
집 나간 아들이건, 부정한 아내이건
그 사람의 편이
되어주는 것

사랑은
고통을 참고,
허물을 덮어주고,
그 사람의 발바닥이 내 심장을
짓밟고 지나가도록

詩

허락하는 것
사랑의 다른 이름은
그래서
오래 참음이다.

새벽 기도 2

오늘
하나님과 동행함으로
내 인생 최고의 날이
되게 하소서
오늘
만나는 모든 사람이
내 인생 최고의 분들이
되게 하소서

잘못된 내 욕심은
언제나 좌절되게 하시고
하나님의 온전한 뜻만이
성취되게 하소서

오늘
저의 그릇된 설교 때문에
아무도 시험 들게 마시고
더구나 설교와는 동떨어진
내 위선된 행위 때문에
절망하는 자
없게 하소서

주를 위해
주의 영광을 위해 산다는
나의 인생이 한낱
헛된 구호가 되지 않도록

詩

주님 나를 만나 주시고
오늘도
나와 함께해 주소서.

명량정

울돌목
물살이 소리치며
회오리치며
흘러간다

우수영
깃발이 펄럭이며
북소리 울려
전황이 다급하다
사람도 가고
전쟁도 그치고
집 짓다가 바다에 오니
물살만 여전하다

인생은 항해
때로는 해상 전투
집을 지을 게 아니라
배를 지어야 한다
대양을 본 자만이
큰 배를 만든다.

■ 곽규진

경북 의성 출생. 경북대 독문과(부전공 영문학) · 경북대 대학원 철학과(석사) · 총신대 신학대학원(석사) 졸업, 총신-리폼드 목회학 박사과정 수학, 경북대 대학원 철학과 박사(서양철학 전공). 월간 『문학세계』 등단. 대구횃불회 총무 역임, 대전 중부대 강사 역임, 대구 대신대 강사 역임. 영주문예대학 제4기 수료. 홀트한사랑회 대구경북지회장. 영주 대흥교회 담임목사.

詩

엄마의 행복 외 2편

김 정 애

바라보는 아가의 맑은 눈망울
활짝 핀 엄마의 함박꽃 웃음

귀여운 아가가 가장 좋아하는
엄마의 봉긋한 두 가슴
아카시아 꽃향기 나는 젖 내음
쪽빛 하늘 닮은 말간 참사랑

따뜻한 등 기대면
어디선가 들려오는 자장노래
아장아장 꽃길을 걸으며 꿈나라 간다

빠른 세월 흘러가면
세상에서 가장 예쁜 엄마도
뒷동산 할미꽃 닮은 할머니 된다는 것
새근새근 잠든 아가는 알고 있을까?
아마도 까맣게 모르고 있을 거야….

튼튼히 잘 자라 어른이 되어
행복하게 잘 살아 주기를 기도하는
엄마의 한 마음

춤

가슴 속 응어리
고통의 파도
파란 물보라

슬픔을 잊고자
새털같이 가벼운 하얀 슈즈
동그라미 그리며 춤 춘 다

가슴 깊이 맺힌 한(恨)
사라져라
멀리멀리 사라져라
주문을 외우듯
돌아가는 세파에 찌든 몸짓

눈물이 된 가락
장단 맞추어
연못 속 개구리 친구
물방개 되어
한나절 동그랗게 맴돈다

노란 은행잎 되어
우수수 떨어지는

詩

고통
슬픔
쓸쓸함

잔설(殘雪) 너머 불어오는 봄바람

어머니 은혜

바닷가 모래알처럼
많고 많은 단어 중
아름다운 이름 하나
"어머니"

힘겨운 세상살이 지쳐 쓰러질 때
반석 되어 디딤돌 되어 주시고
세상 풍파 시달려 비틀거릴 때
울타리 되어 주시는 어머니

할머니 된 딸
아직도 어머니 가슴엔 어린아이
밥 많이 먹고
마음 편하게 가지고 건강하게 살아라

길 건널 때는 파란 불 보고
잘 건너가거라
타향살이 외로운 사랑스런 우리 딸

항상 평화가 함께하기를 기도하는
고향 집 우리 어머니

詩

서산 너머 노을 속 붉은 해
멍하니 바라보다
어머니 사랑 그리워
눈앞에 가려진 뽀얀 안개

▣ 김정애

경북 포항 출생. 포항여고 졸업. 월간 『문학세계』 등단. 지훈예술제 전국 백일장, 죽계백일장 장원 수상. 영주문예대학 제4기 수료.

거문고 외 2편

최 남 주

댓잎에 바람소리
달빛이 찬데

선비의 흰 옷 위에
안긴 거문고

술대*에 휘감기는
정이 서러워

버선발로 달그림자
밟았습니다.

*술대 : 거문고 줄을 칠 때 손에 잡고 줄을 치는 작은 막대기.

겨울밤

산속
오두막집
눈이 내리면
엄마 베틀 소리
들려온다

풍차바지
입은 아기
베 짜는 옆에서
잠이 들었다

눈이 쌓여
고요로 아득한 밤
저고리 섶
젖냄새 나던 엄마
보고 싶다.

장날
— 두부장수

나는 앉은뱅이

촌부가 만들어 온 하얀 두부
물속에 앉아 있다

구수한 된장을 생각하며
큰 것을 잡는 기쁨
보글보글 끓는 된장 속 두부
하얀 빛 순결함이 나를 비웃는다

옆집 친구 수연 엄마는
두부 장수가 오면
가만히 눈으로 살피다가
그중 제일 작은 것을 골라잡는다

큰 것은 다른 곳에 가서 얼른 팔게 하려고
나도 수연 엄마를 닮고 싶은데

욕심이 앉아 있어
언제나 못 고치는
앉은뱅이.

■ 최남주

영주문예대학 제4기 수료. 주부.

영주문예대학 제5기생

회/원/작/품

찔레꽃 외 2편

강 현 숙

햇살 오르내리는
길 모퉁이에서
어여삐
수없이 피었네
그리움만치나

가시덤불 헤치고
피어낸 사색의 절규

빗장 같은
가슴으로 들어와
정결이 되고

흔들리는 향수가 되어
나그네 따라오는
천리 향

詩

무섬에서

꽃잎 하나
돌고 돌아
나에게로 와서 웃는다

혼자 걷는 인생길
외나무 다리

끝자락에서
손 내밀지만
물결 위로 걸어가는
광대 같은 여유

만죽재 위에는
꽃구름 손짓하고

은빛 갈바람으로
강물을 찍어
모래 위에 써보는
당신의 마음

어느 가을날

결 고운
금빛 나래
노을도 땅에서 뒤척이고

분요한 심연에도
조화롭게 정렬된
이삭들 사이로
그루터기 휘휘 감고
바람 따라 떠나간 흔적

그 누구도
감당하기 힘든
신성한 순리

궁핍했던 머리 위로
풍요로운
햇살 면류관

잊고 살았던
언어들
가을 속으로 걸어 나온다

그 무엇으로 익어 간다는 것

詩

모혈 속 그 끝자락까지
인고와 지척여야 할 운명

떨어지는 꽃잎 쌓여가고
청람빛 하늘 높아만 간다

■ 강현숙

경북 춘양 출생. 월간 『문학세계』 등단. 한국문인협회, 영주문인협회 회원. 영주 문예대학 제5기 수료.

할미꽃 외 2편

김동한

꽃구름 칠보화관
엊저녁에 본 듯한데

아침에 눈떠보니
호호백발 할미새

저 강이 삼켜 버렸나
쌍무지개 고운 꿈.

초우(初雨) 1

동무랑 둘이서 천방지축 장난치다
우리 집에 팔려온 목매기 두 눈가엔
어미소 젖이 그리워 눈물이 그렁그렁.

날줄 씨줄 한데 얼러 사랑가 엮어가면
새하얀 명주천은 한 필 두 필 쌓여가고
울 누나 뽀얀 얼굴에 곱게 피는 사랑꽃.

목고개 굽잇길엔 산도깨비 간곳없고
마을 앞 보리밭은 인삼밭 되었는데
첫사랑 갑사댕기는 얼마큼 변했을까.

초우(初雨) 2

아랫목엔 앓는 아기 윗목에는 푸닥거리
아침에 깨어보니 아기 얼굴 안 보인다
울 아기 가녀린 혼불 초가삼간 떠나간 듯.

이 밤도 소쩍새는 피 토하며 울어대고
산비둘기 설운 노래 어메 가슴 멍드는데
까만 밤 밝혀보려고 박꽃은 피나 보다.

나이 들고 생겨버린 객쩍은 버릇 하나
밤하늘 쳐다보며 별을 헤기 시작했다
내 동생 땅꼬마별을 오늘 밤엔 찾으려나

▣ 김동한

경북 문경 출생. 상주농잠고등학교 잠업과 졸업. 월간『문학세계』등단. 제2회 경북스토리텔링 일상이야기 수기 장려상 수상. 문학세계문인회 정회원. 영주문예대학 제5기 수료.

썸 타기 외 2편

김 미 영

난 그대에게 빠져
즐거움에 하루해가 저물고
설렘으로 다가올
따뜻한 느낌
기다림은
나에게 희망을 품게 한다

끊임없이 메시지가
포착되고
사랑이란 단어로
가슴앓이한다는 게 싫었다
마음을 훔쳐가고
설렘 반 그리움 반
또다시 해가 뜨길 기다리면서
인연은 또다시
사랑이란 단어로
가슴속에 일랑이고 있었다

환상 속에서

좋아하는 마음
그리워하는 맘
사랑 앞에 현혹되어
어디에도 없는 형체
그저 속고 속을 뿐이다
그런데도 즐거워
마음이 춤을 춘다
대화 속에 아무것도 바라는 것 없고
그저 철부지 어린아이마냥
좋으면 그것이 모두였다
아 늦깎이가
느낄 수 있는 감정이 있다는 건
살아 있음이요
목마름이 간절하기 때문
너무나 외로워서
간절한 바람을
전혀 다른 상대에게
퍼붓고 있는 것이다
환상을

詩

작은 거인의 만남

어쩌다가 만남이 이뤄져
옷깃만 스쳐도 인연이 되어
그대를 만났습니다
마치 오랫동안 안사람처럼
낯익은 표정으로
오고 가는 대화가
시시콜콜해도 마냥 좋았습니다
그대를 알 수가 없지만
아니 알 필요가 없지만
무소식이면 궁금해지고
마음속에 자리를 틀었습니다
작은 꽃잎들은 영롱한 빛을 비춰
그대 향한 소박한 사랑인 양
나의 팔에 매달려 앙증맞게
애교를 떨어옵니다
그대가 내게 아니 그대에게
오랜 벗처럼
허공중에 맴돕니다

▣ 김미영

한국방송통신대학교 국어국문학과 재학. 영월 단종제백일장 시 부문, 전국 죽계 백일장 입상. 영주문예대학 제5기 수료.

새날 외 1편

김성희

죽어가던 마음으로
산소가 들어오고
허공을 헤매던 흩어진 정신에
한 자락 맑은 바람이 스친다

동해 바다 위 찬란하게 떠오른
붉은 태양 그리고 새날
정신과 육체를 다시금 던져
새 단장 새 갈무리 한다

내일로 가는 새 힘이
신생아의 첫울음처럼
우렁차게
내게 다시 온다

詩

또다시 봄

누군가 조용히 부르는 소리
다시 올 것 같지 않던
노오란 빛 매정한 그대

아닌 듯 가만히 내려앉는
따사로운 오후 햇살
부서지는 햇살 끝에
정말로 와 계신 그대

다시 오신 그대가
언제 가시려는지
벌써 놀란 조바심
사랑하는 얄미운 그대

■ 김성희

서울 출생. 사회복지학과 졸업. 월간 『문학세계』 등단. 전국 서하(西河)백일장 대상 수상. 영주문예대학 제5기 수료. 해성병원 원무부 부장.

힘에 겨우면 외 2편

藝主 김영숙

바람도 접기로 한다
삶
다 그렇거니 하며
한(恨)도 잊기로 하고
어차피 고된 세상사

살다
살다가
또 견뎌내며 살다
울컥
그리우면 울거라.

詩

미완성

맺힌 맘 개켜두고 사립문 나서니

청보리밭 저만치
가물가물대다
슬그머니 사라지는 풋풋한 내음

햇볕 쏟아져 일렁대는 물결 사이
손
흔드는 당신은 유년의 꿈인가요

누구도
감당할 수 없는 그 세월
한때의 역류

고랑에 숨어들어
알
품다가 날아간 산비둘기
반쯤 익은 사랑은 남겨두고 갔네요.

구절초

무서리 속 우주를 안고
가냘픈 대궁 별 꽃을 매단 채
애잔함 건네주는 슬픈 사랑

정신 줄 놓고 들이닥치는 바람
꼿꼿한 줄기로 뿌리박고
견뎌 내는
모진 목숨

진종일 삶의 미아로
해 저문 산자락
기다림에 외롭고 추운 화동

말없이
손짓 않아도
어느 하룻날 모질게 끝나도
겸손히 무릎 꿇는
허망한 생(生)임을 아노니.

■ 김영숙

『한울문학』 등단. 한울문학작가상 수상. 한국문화예술교류진흥회, 영주문인협회 회원. 영주문예대학 제5기 수료.

부석사 석등 외 1편

송윤선

무량수전 지켜 섰는 선묘의 환한 화신
무거운 팔각모자 촛불 밝힌 가슴 가득
연꽃 향 머금은 몸매
세월 이끼에 묻힌 선돌

어둠 깔린 산곡 천년을 지켜온 하루
온갖 업보 쓴 채 밤 내내 환한 불심
불태워 아침을 여는 예불
새 세계를 여는 하루

자욱한 목탁소리 일렁이는 마지막 몸매
따사한 햇살 올라 자비로 가득한 세상
사바의 번뇌를 내려놓고
이 한밤을 재운다.

원만(圓滿)

씨앗을 몰고 온 바람이 휴식을 취하고 있다
아버지는 연신 인내의 물을 뿌리고
어머니는 시간의 북을 수놓는다
이윽고 얼굴을 삐죽이 내밀던 허기진 사랑이
복숭아 꼭지를 더듬을 때마다
우윳빛 단비가 목마름을 해갈하고
따사한 햇볕은 푸짐한 점심상을 차린다
배부른 꼬마가 지붕을 오르다가는 미끄러지고
미끄러졌다가는 다시 올라가려고 안간힘을 쓰더니
이내 주저앉아 두 발을 가위질하고 있다
눈물이 말라 응고된 인고의 꽃이
마침내 자그만 열매를 잉태하고
대롱대롱하다가 그 힘에 다시 쓰러진다
태양이 잠깐 쉬고 있을 무렵
누군가 줄기 손을 세웠는가 휑하니 올라가서는
추녀 아래서 잠자던 견공(犬公)을 희롱하고 있다
제 몸무게가 줄어드는지 늘어나는지도 모르는 지각생들은
시장 바닥의 장사꾼처럼 끼리끼리 샅바 싸움만 하고
하늘을 향해 하품을 방아질하는 감시카메라에
서투른 석수장이의 다듬이 소리가
허공을 산책하다 메아리로 돌아와
조막만 한 조약돌 그림자만 남긴다
노련한 도공이 밤톨을 물레에 매달고
인간을 조형하고 있는 폐쇄된 공간 일직선상에
보이지 않는 벽이 곡선으로 돌아 나온다
따로국밥처럼 떨어진 연마와 형성의 집에 담장이 허물어져

이엉이 썩은 초가지붕 위 호박넝쿨이
된서리 맞아 푸른빛을 잃어갈 즈음
동그랗고 속이 꽉 찬
큼지막한 인생은 영글어 가겠지.

▣ 송윤선

경북 영주 출생. 교원대학교 교육정책대학원 졸업(교육학 석사). 월간 『문학세계』 등단. 영주문예대학 제5기 수료. 경상북도 영주교육지원청 행정지원과장.

어머니 2 외 2편

조 영 옥

베란다에 지난겨울
먹다 만 감자가 생각났다
싹이 나고 쪼글쪼글 일그러져
상자에 웅크리고 있다

세월에 장사 없다시며
영양제 좀 맞아야겠다는
어머니 손을 보았다

쭈글쭈글 주름지고
군데군데 검버섯이 앉아
손이 불쌍해 미안하다시며
슬며시 이불 속에 숨기신다

내 마음엔
방울방울 떨어지는 회한(悔恨)
그 기포가 온 몸속으로 소리쳐
흘러간다.

詩

메주 쓰던 날

모락모락 피어나는 구수한 냄새
대문 밖을 넘나들고

쥐빵구리 드나들듯
온종일 가마솥 떠날 줄 모르던 날

할아버지 고무신
콩자루 위에서 춤을 추고

해 넘도록
휘는 허리 부여잡던 어머니 모습
짧은 겨울 해가 서산을 넘는다

나의 봄

벚꽃 향기가 봄을 기다릴 즈음
부활의 기쁨을 노래하리
슬픔이라기보다는 먹먹함이 진달래 빛으로 물든다

마음을 열면 눈물샘도 열려지듯이
사소한 것도 감동으로 보이는 사랑하는 이여

온 산천이 봄으로 만발한데
나의 봄은 어디에 있는가
집에 돌아와 보니 당신 곁이 바로 봄이로구나

■ 조영옥

경북 영주 출생. 경북 전문대학 유아교육과 졸업. 월간 『문학세계』 등단(2012년). 문학세계문인회 정회원. 영주문예대학 제5기 수료. (사)환경보호국민운동본부 여성 회장. 공저 『하늘비 산방』(4, 5호) 『한국을 빛낸 문인』(2013, 2014년) 외 다수. yojo3866@naver.com

詩

소백산 외 2편

月産 한계순

빛바랜 삶이 허허로우면
짙은 자애의 모태로 간다.

성스러운 오색 풍만의 자비는
퇴색된 영혼 곱게 물들이고

푸석한 갈증은
옥수의 여유로운 음절에서
촉촉한 모정의 훈육을 듣는다.

어머니
그 높고 깊은 젖가슴
끝없는 용서의 탑에서

무감각의 허물 벗은
미숙한 마음 하나

피안의 낙엽 되어
비로봉 기슭에 두고 온다.

백야

낮과 밤이 공존하는 우주의 조화
천지(天地)의 깊은 뜻이 문명의 이기로
퇴화하여 어둠을 잃었으니

밤을 삼켜버린 빌딩 숲
잠을 거부하는 젊은 나무들이
방황하는 도시의 거리

현란한 조명 아래
뿌리 약한 무성한 초목들
변색된 꽃과 나비의 본능
그들의 열매는 온전하랴

어둠을 먹고 이슬로 내려오는
별들의 영롱한 속삭임
들어 보았는가

진실의 이불 덮고 단꿈 꾸는
생명들의 울리는 맥박 소리
들어 보았는가

밤의 보호 아래 휴식하고
밝은 태양 아래 활개 치며
생명 본연의 삶을 추구함이
옳지 않겠는가.

괜찮아 2

땀방울 뿌린 이랑마다
가을이 내려 앉아
설레는 호미자루 땅콩 밭을 찾았다

에그머니 이게 뭐야
유기농 재배하면
땅도 좋고 나도 좋아
살충제 무시하고 땅콩을 심었더니

땅속이 온통 굼벵이 세상에다
포기마다 너구리 들쥐들
만찬이 벌어졌다

덩달아 토종닭들 굼벵이 포식하고
씁쓸한 농심에 산그늘 내려왔다

괜찮아
그래도
내년이 있으니까.

▣ 한계순

월간 『문학세계』 등단. 영주문인협회 회원. 영주문예대학 제5기 수료. 시집 『또 하나 얻어진 나이테』

▲ 2015 영주문예대학 문학 기행 조병화문학관

▲ 2015 영주문예대학 문학 기행 조병화문학관

▲ 2015 영주문예대학 문학 기행 조병화문학관

영주문예대학 제6기생

회/원/작/품

눈이 오면

김순남

하늘을 쳐다보며
바람 부는 쪽으로 쳐다본다.

겨울바람이 추운 것은
죽령의 높은 고개에서 얼고 얼어서
내려오는 심성일 게다.

눈 덮인 소백산은 보고 싶지만
테니스를 하는 우리 생활인이 먼저
눈앞에 떠오르게 된다.

어쩌면 좋겠냐
내 자신에게 물어보고 눈이 녹기 전에
빗자루를 들고 나서는 내 마음이 앞선다.

살아 있다는 것은 생활이요
생활은 건강에서 나오는 것
벌써부터 나는 빗자루를 들고
계단부터 쓸고 있다.

■ 김순남

제10회 전국죽계백일장 장원, 전국서하백일장 차상 수상. 영주문예대학 제6기 수료. (시)영주테니스협회 시민코트 소장.

隨筆

| 수필 |

큰 원장님

김완호

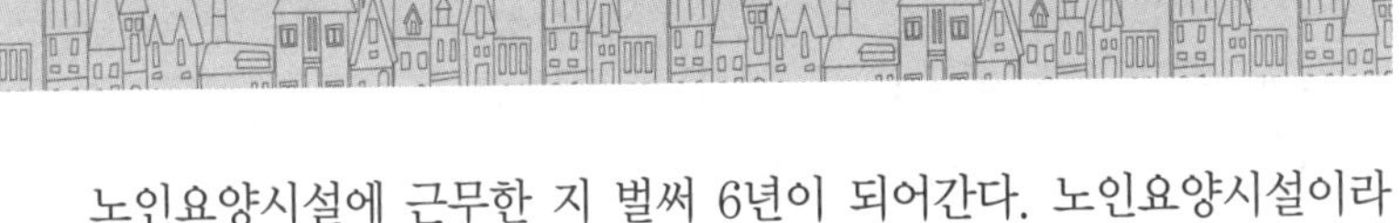

노인요양시설에 근무한 지 벌써 6년이 되어간다. 노인요양시설이라는 특수성 때문인지 다들 원장이라면 나이가 지긋하고 머리가 허연 사람을 연상하는 경향이 있는데 적은 나이도 아닌데 자꾸만 젊은 사람으로 취급하다 보니 좋기도 하다. 한편으로는 원장이라고 인사를 하면 아래위를 한참 쳐보다가 "직원인 줄 알았어요."라고 한다. 웃어야 할지, 울어야 할지…. 그런 소리를 듣기에는 나이가 55세나 된다.

얼굴이 동안이라서 더욱 그러하거니와 한참 후배가 찾아와서 말을 자꾸만 놓고 이래라 저래라 한다. 처음에는 불쾌했으나 이제는 제법 익숙한 편이다. 입소 어르신 가운데 인지가 있는 어르신들은 장가는 갔냐고 물어 보신다. 이건, 뭐…. 거울을 보며 그렇게 어려 보이나 싶어서 한참을 쳐다보지만 여전히 나이가 든 모습을 보고 있을 뿐이다.

우리 노인요양시설에는 88세에 치매가 걸린 여자 어르신 한 분이 계시는데 조그마한 키에 바지런하셔서 온 시설을 돌아다니신다. 궁금한 게 있으면 눌러보고, 닫힌 데가 있으면 열어 보셔야 직성이 풀리신다. 그래서 방문마다 다 열어보셔야 되고, 궁금한 게 있으면 다 만져 보시고는 물건들을 엉망으로 만드셨다. 하루는 소화전 설비의 '누름' 단추를 눌러서 온 시설을 비상 상태로 만들었다. 비상벨이 울리자 직원들이 여기저기 뛰어다니고 방화관리자는 화재의 비상벨이 어디에서 울렸는지 점검을 하고…. 어르신으로 인해 온 시설이 난리 아닌 난리를 쳐야 했다. 언젠가는 수도꼭지를 열어 놓아서 물이 넘쳐흐르고, 쓰레기통을 면회실에 쏟아 놓아서 난리가 나기도 했었다.

한 번씩 소동을 일으켜도 정작 본인은 잘 모르고 계셔서 그저 어르신이 위험한 물건만 만지지 않도록 잘 살피는 수밖에 없었다. 평상시에는 조용히 다니면서 감시 아닌 감시만 하셨는데 날이 갈수록 치매의 증상은 심해지는 것 같았다. 그 어르신이 한 번씩 내 방의 문을 갑자기 열고 "뭐하노?" 하고 물으신다.

"아, 예! 어르신 결재하고 있습니다."

엉겁결에 대답을 하고 나니 어르신이 근무 잘하라고 하신다.

"……."

조금 있으려니 다시 문을 여시고는 함부로 높은 사람 자리에 앉아 있다고 빨리 내려오라고 하신다.

"아니, 어르신 그게 아니고…."

아무리 설명해도 어르신 눈에는 젊은 사람으로 보이시는지, 아님 원장으로 보이지 않는지….

처음에는 갑작스런 문 열림과 어르신의 호통으로 곤욕을 치렀지만 어르신의 방문이 날마다 이어지다 보니 오히려 기다려진다. 원장실에 노크 없이 들어와서 "뭐하노?"라고 호통을 치다 보니 직원들 사이에는 '큰 원장'으로 불리고 있었다.

큰 원장님이 오늘도 원장실에 들어와서 높은 사람 자리에 또 앉아 있다고 야단을 치면서 빨리 내려오라고 하시니 명령에 따라야겠다. 그리고는 나갈 때는 불을 끄고 나가라고 하신다.

"예, 큰 원장님!" 대답을 하고 나니 어르신은 "대답은 잘하네."라고 하신다. 어르신 보호자 분들이 오셔서 죄송하다는 말씀을 하시지만 무료한 일상에 어르신 때문에 웃을 수 있음에 늘 감사를 드린다.

우리 시설에 어르신들이 모두 행복했으면 좋겠다. 아무리 좋은 시설에, 좋은 프로그램이 있어도 어르신이 행복하지 않으면 무슨 소용이 있겠는가. 어르신이 행복한 시설로 만들기 위해 오늘도 큰 원장님께 꾸중 들을 준비를 해야겠다.

▣ **김완호**

경북 영주 출생. 단국대 대학원 경영학 석사, 동양대 사회복지학 박사과정 재학. 동양대 평생교육원 교수 역임, 경북노인복지시설협회 회장 역임. 경북전문대 겸임교수. (사)환경보호국민운동본부 부총재 역임. 인애가 장수마을 원장. 영주문예대학 제6기 수료.

| 수필 |

산수유꽃

김 유 미

점심을 먹으러 구내식당으로 내려갔다. 식당 한편 알림판에 '그동안 어머니를 돌봐주셔서 감사합니다. 민용숙 자(子) 한민수' 라고 쓰인 문구 아래 송편과 꿀떡이 접시에 담겨 있다.

"자식들이 효자네. 부모 맡겨놓고 감사하다고 인사까지 하는 걸 보니…."

그 말 들은 권 선생이 "실장님! 민용숙 씨 돌아가셨잖아요."라고 했다. 갑자기 요즘 말로 얼음이 되었다.

그러고 보니 한동안 민 씨 할머니를 못 본 것 같다.

박사님의 진료일인 수요일, 목요일에는 매일 아침 일찍부터 진료실 앞에서 서성거리던 분이셨다. 하지만 오늘은 목요일인데도 보이지 않는다.

민 씨 할머니는 돈이 아까워서 1일 1식만 신청해서 드시고는 남은 음식을 모아 두었다가 남은 끼니를 해결하였다. 봄이 오면 병원 주변에 있는 쑥을 뜯어 아들에게 보내고, 여름에는 상추를 뜯어 보내곤 하셨다. 간간이 의사 선생님과 간호사들에게 요구르트와 우유로 인사하는 것도 잊지 않으셨지만 대쪽 같은 고집에 자존심도 강한 분이셨다. 하지만 요즘 들어 부쩍 많이 편찮으신 것 같았다. 병실 복도에서 볼 때마다 수액을 달고 다니시곤 했다. 간호사들은 '불편하시면 가만히 누워 계시지 저렇게 돌아다니니까 병이 더 생기지.' 라며 걱정했다.

민 씨 할머니는 병원에 5년이 넘게 입원해 있었다. 별난 성격 탓에 같은 병실 할머니들과 언성을 높일 때가 많았다. 이 병실 저 병실 다니면서 참견에 간병사 선생님들과도 싸움이 잦았다. 결국은 적응이 어려워 다른 병원으로 옮기시게 되었다. 병원 뒤 모퉁이에 상추와 깻잎을 기르던 할머니만의 텃밭이 있었는데 병원을 옮기면서 가깝게 지내던 강 씨 할머니에게 이만 원에 팔았다. 하지만 보름도 지나지 않아 옮긴 병원에서도 적응이 어려워 다시 오시게 되었다. 이만 원을 주지 않고, 밭마저도 당신 것이라 우기던 탓에 강 씨 할머니와는 같은 병실을 사용하면서도 서로 알은체도 않고 지내셨다. 그런 할머니도 세월 앞에 병색이 짙어지는 것 같았다. 흐르는 세월을 이길 수 없었던 것이다. 한 번도 찾아오지 않는 아들과 며느리였지만, 당신 앞으로 들어오는 얼마 되지 않는 국가 보조금마저 보내고도 오히려 자식 걱정을 더 했다.

그녀는 6 · 25 전쟁때 남편을 잃고 성치 않은(곱사등) 몸으로 아들 하나 키우면서 바닷가 근처에서 식당을 하셨다고 한다. 그 긴 세월에 고생이야 오죽했을까?

아들의 형편이 변변치 못해 당신께서 살고 있던 집마저 팔아 주고 병원에 들어오셨지만 짐을 둘 곳이 없어 사과박스에 넣어서 병원 지하 창고에 두었다. 그런 민 씨 할머니의 모습은 아프다 못해 구차하게 느껴졌다. 그러던 당신께선 어느 날 쓰러져 다시는 일어나지 못한 채, 사흘 만에 돌아가셨다.

돌아가신 민 씨 할머니 아들이 보내준 떡이라고 생각하니 왠지 가슴이 더 짠하니 눈이 아파왔다. 항상 정이 그리웠던 그분, 복도에서 마주칠 때마다 따뜻한 말 한마디, 좋아하시던 커피 한 잔이라도 드릴 걸 그랬다.

인생살이가 무엇인지….

평생을 혼자서 외롭게 살다가 간 민 씨 할머니.

봄이면 병원 뒷산에는 산수유 꽃이 활짝 핀다. 꽃이 필 때마다 꺾어 꽃병 대신 남자 소변 통에 꽂아두곤 했던 그녀. 내년 봄에도 산수유 꽃은 뒷산에 노랗게 필 텐데 이제는 더 이상 할머니만의 산수유 꽃을 볼 수 없을 것 같다.

퇴근길에 부모님 집에 들러야겠다. 두 분이 좋아하시는 통닭이라도 사서 치아가 성하실 때 많이 드실 수 있도록 해드려야겠다.

▣ 김유미

영주문예대학 총무. 영주문예대학 제6기 수료. 영주시립병원 임상병리사.

| 수필 |

갈목비

전영임

어두운 터널의 수렁과도 같았던 시간들을 이기지 못한 아버지는 끝내 돌아오지 못하셨다. 여우비가 내리던 날 금빛 모래 쓸리어 내리는 강을 건너, 진달래가 흐드러진 산길을 지나, 너울너울 꽃상여를 타고 먼 길을 떠나셨다. 살아온 인생길 가장 화려하고 호강스런 순간이었다. 동구길에서 아버지를 보내고 일곱 계단을 올라 두 평 남짓 당신의 체취가 배인 사랑방을 찾았다. 문을 열자 움츠려 있던 방의 기운이 보무라지처럼 풀썩 일어나 소스락거렸다. 당신의 향기였다.

아버지는 초봄부터 늦가을까지 가녀린 몸으로 농사일을 하셨다. 너울가지가 없어 아무 말 없이 혼자 사는 할머니들의 밭갈이며 힘든 일을 도와주시던 듬쑥한 분이었다. 풀에 할퀴고 밭일에 무디어진 손으로 농사일이 끝나면 쉬지 않고 갈목비를 엮으셨다. 손놀림이 빨라지는 만큼 아버지의 손끝도 모지라 지문이 지워져갔다. 하지만 그 손끝에는 당신의 행복이 숨어 있었기에 한순간도 소홀히 하지 않으셨다.

아버지가 누웠던 자리 가만히 누워본다. 정사각의 공간이 참 좁다. 천장도 저리 낮았을까? 이 집에서 유일하게 당신의 공간이었던 방, 주인을 잃은 방엔 고요를 더한 적막이 들었다. 한 줄기 빛기둥이 뚫린 창호지 문구멍을 통해 새어든다. 아니, 그것은 빛기둥이 아니었다. 모래알보다 작은 금빛 찬란한 입자의 무리였다. 문구멍을 통해 새어든 입자들이 네 귀퉁이 천장을 천천히 순회하다 기웃대듯 낡은 옷장 위에 잠시 머물렀다. 천천히 벽을 타고 내려와 낮은 문턱 옆에 서성거린다. 반쯤 닳은 갈목비가 잠깐 들썩거렸다. 나풀댄 것도 같다. 시나브로 금빛 입자들은 다시 창호지 문구멍을 통해 서서히 타래 치며 구름발치 아래로 사라졌다. 순간 아버지를 만났다. 내 착각이어도 좋았다. 당신의 영혼이 떠나시기 전 다시는 못 올 이 방 안을 한 바퀴 둘러보고 가시는 거라 믿기로 했다.

계절 중 가을이 가장 좋았다. 그리고 겨울도 좋았다. 언제나 일그러진 표정의 아버지는 가을이면 낯꽃이 환하게 피었다. 겨울이면 그 얼굴에 튼실한 열매가 맺혔다. 내가 좀 곰살갑게 굴면 평소 없던 너털웃음마저 웃으셨다. 가슴이 넉넉해지는 시간이다. 우리는 가으내 갈대를 꺾었다. 성지미 개울가에 숱 많은 갈대가 있고, 삭골 논 옆에는 잎이 잘 떨어지지 않는 갈대가 많다고 아버지는 일러주셨다. 경험에 따라 밀절미가 좋은 것이 어떤 것인지 배우며 익혔다. 더러 억새를 꺾어와 갈대라고 우기는 막내딸에게 갈대와 억새의 차이에 대해서도 조용히 설명해 주시던 당신이셨다. 마뜩한 갈대를 꺾어 올 때마다 웃는 얼굴이 좋아 나는 연신 푸서리 가득한 강가에서 갈대를 꺾으며 방글거렸다. "일은 즐겁게 하는 거란다. 즐겁게 해야 쉽게 할 수 있지. 그리고 보는 사람도 기분이 좋지. 어차피 해야 하는 일이면 최선을 다해 즐겁게 해야지." 평생토록 내 삶의 지침이 되어준 입버릇 같은 말씀이었다.

아버지는 막 피기 전 갈대를 사용하셨다. 이미 꽃이 피어버린 것은 꽃잎이 바람에 흩어져 빗자루로는 쓸 수가 없다. 꽃 피기 전 갈대를 꺾으려면 시기를 놓치지 않아야 했기에 항상 강기슭을 기웃거렸다. 한 줌 두 줌 모인 갈대는 저녁이면 소여물 솥에 푹 찌셨다. 설마르지 않게 며칠을 그늘에서 정성스럽게 손질하셨다. 볕을 보면 잎이 너무 말라 바스락거리며 부서지기 때문에 더디 마르더라도 항상 볕이 들지 않고 바람이 잘 통하는 처마 한 귀퉁이에 긴 줄을 엮어 매달아 두곤 하셨다. 알맞은 바람과 정성스러운 손길에 질 좋은 재료가 준비되는 것이다.

가으내 모인 갈대는 농사일이 끝난 겨울이면 하나둘 갈목비로 태어났다. 아버지는 숱이 많은 실팍한 방 빗자루를 엮으셨다. 반 타원형의 숱이 타박하고 손잡이가 통통한 짧은 빗자루는 다른 것과는 달리 방 안의 작은 먼지까지 깨끗하게 비워내는 마술을 부려서 인기가 좋았다. 하나의 갈대가 열 개의 무리로, 그 열 개의 무리가 모이고 모여 한 자루의 갈목비가 완성되기까지 때로는 종일 걸렸다. 동네 사람들은 아버지의 빗자루를 참 좋아했다. 더러 엮는 분도 있었지만 유연 노장한 아버지의 매운 손끝이 만들어내는 비법을 따르지는 못했다.

주문이 많이 들어왔다. 당신들이 쓰기 위한 것도 있었지만 도회지에 있는 자식들에게 선물하기도 했다. 매년 갈목비는 부족했다. 동네사람들은 완성된 빗자루를 받으며 한두 갑의 담배를 선물로 주기도 했지만 그럴 때마다 당신께선 손사래 치셨다. 사랑방 동쪽으로 난 창호지 문 옆에는 천장에 가까운 가장 높은 벽에서부터 갈목비가 하나씩 걸리기 시작했다. 하지만 완성된 빗자루는 곧 주인을 찾아 떠났다. 처음으로 만든 것은 새 살림을 차린 자식에게 주셨다. 나에게는 작고 귀여운 나만의 것이 쥐어졌다. 아버지께서는 특히 고마웠던 분들은 잊지 않고 챙기셨다. 그것이 당신께서 그분들에게 드릴 수 있는 최고의 보답이었다. 그다음 순서가 주문받은 것이었다. 빗자루를 받아 드는 그들의 표정과 감사의 말들이 당신께서 오랫동안 갈목비를 엮게 하신 비결이었던 것 같다. 그것은 배우지 못한 무지와 열등을 줄이고 자존감을 상승시키는 아버지만의 슬기주머니였는지도 모른다.

여덟 살에 할머니가 돌아가셨다. 5형제 중의 막내였던 당신은 큰어머니 손아래서 자랐다. 유난히 작은 키에 가지처럼 마른 체구, 배우지 못한 열등, 한글에 대해 까막눈이었던 이유로 움츠러들었다. 전 재산과도 같았던 집을 아주 헐값에 팔고 난 후 처음으로 식음을 전폐하고 며칠을 앓으시는 모습을 보았다. 평소 물질에는 욕심이 없던 분이셨다. 집 짓는 일을 하는 큰외삼촌의 권유에 없는 돈 긁어모으고 빚까지 얻어 집을 지었다. 그 집에서 큰언니가 공장을 다녔고, 오빠 둘과 작은언니가 중 · 고등학교를 다녔고, 골수염을 앓던 내가 머물며 병원을 다녔다. 그런 집을 언니들 시집보내랴, 오빠들 장가들이랴 형편이 부족한 탓에 지인의 소개로 팔았는데 두 달도 지나지 않아 집이 두 배로 뛰어오른 것이다. 하지만 내가 본 건 돈에 대한 욕심만은 아니었다. 평소 배우지 못한 무지함과 보고 듣는 귀가 어두워 헐값에 속아 팔아버린 것에 남세스럽고 고통스러워하셨다. 그런 열등을 잊고 자존감에 꽃을 피우게 만든 것이 갈목비였다.

“아제가 엮은 빗자루가 최고”라며 칭찬을 아끼지 않던 동네 분들의 말씀 속에서 당신의 능력을 인정받음이 큰 기쁨이고 위안이었을 것이다. 집집마다 아버지가 엮은 빗자루가 없는 집은 없었다.

아버지는 갈대를 만질 때는 여유가 있었다. 가끔은 목청껏 노래도 부르셨고, 더러는 옛이야기를 들려주기도 했다. 그 옆에서 갈대 이삭을 정리하며 도란거리는 시간이 유일하게 부녀가 나누었던 즐거운 시간이었고 행복한 추억이었다. 당신의 헛기침 소리와 갈대 부딪는 사그락거림은 어둑새벽이 되어서야 조용해지곤 했다. 여린 갈대로 태어나 하나의 빗자루로 만들어져 평생토록 온 방 안 먼지 비워내며 몸이 닳도록 제 역할에 충실하는 갈목비는 가족에 대한 깊은 사랑과 헌신을 아끼지 않은 아버지의 가풀막 같은 삶과도 닮았다.

생각해 보면 갈목비는 당신께서 우리에게 가르치셨던 지혜로운 삶의 지침이었던 것 같다. 갈대가 피기 전 시기를 놓치지 않기 위해 눈여겨봐야 하듯, 적절한 시기의 중요성과 관심을 가르쳐 주셨다. 성급함 없이 천천히 말리는 일에서 인내와 진중함을 보여 주셨다. 추운 겨울 갈목비를 엮으며 시간의 활용법과 게으름 없이 자신의 삶에 충실하는 법을 알게 하셨다. 자신이 좋아하고 가장 잘할 수 있는 일을 하며 진정한 행복의 느낌을 일깨워 주셨다. 나누는 마음에서 기쁨을 얻게 하셨고 인정받는 삶의 소중함도 알려 주셨다. 하지만 가장 중요한 건 스스로 만족하고 행복한 삶이 어떤 것인지 일일이 갈목비를 엮으며 가르치던 아버지의 깊은 마음이 이제야 보이기 시작했다는 것이다. 당신은 갈목비를 통해 준비하는 삶, 최선을 다하는 삶, 나누는 기쁨과 참 행복을 가르치려 하셨던 것 같다.

들썩이던 갈목비를 동행시키기로 했다. 동구길에서 피어오르던 연기가 너울너울 바쁜 걸음으로 꽃상여를 뒤따랐다. 당신의 생을 가장 빛나게 해주었던 유일한 자존감이었고, 기쁨이었고, 행복이었던 갈목비를 이제 다시는 볼 수 없을 것이다.

가을바람으로 지천에 갈대가 은빛 물결처럼 일렁인다. 이 가을 아버지는 하늘나라 어느 한 모퉁이에 자리 틀고 앉아 처렁처렁 목청껏 노래하시며 갈목비를 엮고 계시지는 않으실까? 바람에 일렁이는 갈대 사이로 백발의 인자한 아버지 모습이 오버랩 되고 있다.

■ 전영임

단종제백일장, 전국 근로자문학제, 중원백일장, 지훈백일장, 지역사회건강조사 수기공모 질병관리본부장상 수상. 영주문예대학 제6기 수료.

詩

영주행 막차 외 2편

하 만 욱

아홉 시 사십오 분

이젠 더 떠날 사람도 없다
차창 밖으로 손 흔들며
서럽게 헤어지는 사람들

까만 밤하늘
뿌옇게 물먹은 달이
흔들리는 창 부여잡고
힘없이 따라온다

저도 무척이나 외로울 테지

인적 없는 시골동네
올 이 아무도 없지만
가로등 쓸쓸히
제 발등만 비춘다

이별의 아린 마음
애써 잊으려
눈감은 버스 안
운전기사만이
졸린 눈을 비벼댄다

그 동산에 가고 싶다
— 수서교회에서

무슨 약속이라도 했을까

나무들 손 높이 들고
산새와 풀벌레도
청아한 소리로 경배하면
어느새 잎새 끝엔
영롱한 이슬 맺히는
대모산 푸른 자락
맑은 옹달샘

긴 풍상 온몸 휘감고 지나가도
자그맣고 소박한 자태
어그러짐 하나 없이
첫 모습 소로시 지니고 있구나

줘도 줘도 더 주고 싶은
넉넉한 어버이 마음으로
시나브로 솟아나는
시원한 샘물

병든 자 고침 받고
죽은 자 거듭나며
갈급한 자 해갈되고
낙심한 자 새 힘 얻어

어지러운 세상 속으로
포르르 날아드는
당신의 편지
기쁨의 소식들

위대한 연설

도로 방음벽
한 무리의 담쟁이
서로 곁눈질하며
벽을 찍으며 오른다

허기와
타는 목마름
참아가며 나아가는
반짝이는 녹색 훈장

거센 비바람도
벽을 넘는 정신
꺾지 못한다

푸른
발자취가
살아남는 법을 연설한다

■ 하만욱

경남 고성 출생. 월간 『문학세계』 등단. 영주문예대학 제6기 수료. 영주시립병원 행정부원장.

영주문예대학 제7기생

회/원/작/품

늘 그러하듯 외 2편

김 희 영

바람을 둘러둘러 빈 거리로 나섭니다

보이지 않는 눈물 많고
반짝이는 희망 없는 마른 계절이
애매한 눈부심으로 따라옵니다

자신을 정리할 수 없는 꿈과
무심히 피어오르던 열정
순리대로 살거란 답답함과
침묵하는 나
도무지 난 알 수 없는 존재가 되고
조용히 가을은 뒤돌다 모른 척
그런 나를 따라옵니다

삶의 흔들림마다 모든 길은 낯설기만 하고
메마른 바람으로도
날 끌어안아 주고 싶다 말해줍니다
내가 아는 가을은 늘 그러합니다

그래서
오늘도
바람을 둘러 둘러 나를 찾아 나섭니다
가을이 아는 나도 늘 그러합니다

詩

그 보릿고개

아귀도 맞지 않는 부엌문
가만히 열리면
밤새 오락가락하던 쥐새끼만 멀쩡히
아침 안부를 한다

대소쿠리는 언제나 궁색함으로 묵직하고
간장물 한 사발로 속을 들이켜니
배고픔은 속에서 잠잠히 죽어간다

타닥타닥 아궁이 불씨만
가난 태우듯 온기를 붙들고
무딘 칼날 호박 하나 깎을 수 없는 풍경은
나날이 야위어간다

초가집 부엌은
팔 남매 배고픔으로 가득 들어차고
혹여라도
저 눈망울들 별이 되어버리진 않을까
뭉클한 아픔만 흔들리며 부뚜막에 오른다

그래도 고마운 수확이라는 듯
세월이라도 썰고 다듬으며 달빛이라도 쌓아가는
까막눈 촌부는
풍성한 궁핍을 부엌에서 읽어간다

가로등은 아나 봐

나도 본디 뼈대 있고 가문 있는 공장서 나온 물건인데
동트는 언덕 깊숙이
처음으로 본 당신의 눈 간절한 육십 촉
나름 자존심이 있는지라
비장한 밝기 감추고 무슨 사연 있을라나 가만히 본다

맛이 간 찬밥덩이 찬물에 조물락 몇 번을 헹궈
그저 견디는 눈빛에 들이켜고는
올라오는 웅성거림 당신이 기웃거린다

누굴 기다리나
내 몸에 흐르는 빨갛고 혹은 초록인 발열의 궁금함
오후 내내 햇살에 풀려 중얼거리고
노모의 밑그림에 철벅철벅 아이들 뛰는 소리조차 진창 같은
산동네가 걸린다
야들아 그 돌멩이 차지 말어야 데굴 구른 저것 뒤통수도
내 아들 뒤통수로 보여야

길에서 훑는 기다림이라는 걸 눈치챈 순간
맞잡아 주고픈 손 하나 없어
그저 내 그늘 당신 그림자 묻어 쉬어 가게 하는 그 정도의 오지랖
전봇대마다 단정히 챙겨 두던 빈 박스의 비밀 이제는 알 것 같아
사과도 봉지 안에서 익는 법
한뎃잠 잘까 하는 당신의 깃들임이다

자물쇠 대신 걸린 숟가락 하나
울먹이며 정 깊은 길 다시 열고
나는 오늘 밤 당신의 불 하나 못 본다

▣ 김희영

죽계백일장 장원, 김삿갓 백일장 장원. 영주문예대학 제7기 수료.

서천폭포 외 2편

나 진 훈

낮달 아슴푸레
풍경 아늑한 창가에 앉아
한 잔의 차를 마신다.

먼먼 시절
종다리 휘리비릿삐
하늘 높이 파란 꿈 날리고

산 끊어
물 돌아난 서천폭포엔
여름내 벌거벗은 아이들이
물보라였지

솔밭 사이로
가람은 도도하고
옛 추억
소복 쌓인 언덕

오늘은
다향만 바람에 춤을 춘다.

과메기

詩

검푸른 바다 휘돌며
거기서 다 못 편 은빛
꿈 하나

어느 낯선 해안으로 밀려와
하늘 끝자락에
차마 뜬눈으로 숨진다

해풍 칼바람에
진종일 매달려
찢어지는 밤을 새는
싸락눈 뀐 고기 타래

아픔의 살점
비수로 발라내고
해초 양념 건태에 멍석말이

어느 주당의 입에서
녹아버리는 한 생의 끝이지만
은빛 꿈 하나
어둠의 바다에
아직 맴돈다

발인

두월 덕골
하염없이 비가 내립니다

아버지
당신이 짊어졌던 무거운 짐
이승에 내려놓고
길 떠나시는 날

점차 굵어지는 빗줄기는
가슴 메어 우는
당신의 눈물입니까

차가운 겨울
눈물에 얼어가는 상복
그리운 마음
묻어나는 소중한 기억들이
이 비에 젖고

이제
젊은 날 당신의 쉼터
그 느티나무 아래서
제가 할 수 있는 일이라고는
떠날 채비를 도울 뿐입니다

저 산 몇 구릉 돌면
당신의 안식처

詩

천년 집에도 쏟아지는
차가운 눈물

한세상 왔다가
돌아가시는 날
어찌 허망하지 않으며
만장인들 무엇하리오.

■ 나진훈

동양대학교 정보대학원 사회복지학과 졸업. 영광중학교 행정실장 정년. 한국연극협회 영주지부 회장. 영주문예대학 제7기 수료.

| 수필 |

36.5도

박근식

"이순도 안 된 청춘인데 기억력이 자꾸 떨어지네. 다시 한 번 당신 생일 진심으로 축하해. 우리 지연이 대학 가고 결혼할 때까지는 재미있게 지내야겠지? 늘 고운 말로 대화하고 다정한 문자 주고받으면서 한 달에 한 번 전국에 있는 명소를 찾아 맛있는 것 사 먹으며 사진도 찍고 당신과 나의 아름다운 추억의 앨범을 만들어 봅시다. 사랑해 당신!" 얼마 전 아내에게 생일 선물과 함께 건넨 사랑의 메시지다.

며칠 전 영주에 사는 딸과 사위가 외손녀를 안고 집을 찾아왔다. 사위의 손에는 커다란 생일 케이크가 들려 있었다. 역시 나도 할아버지인가 보다 딸보다는 외손녀 지연이가 먼저 눈에 들어왔다. 늘 그렇듯이 우리 둘은 볼을 비비며 사랑을 나누었다. 이제 20개월 된 외손녀는 곧잘 응석을 부리며 애교를 떤다. 이날도 어눌한 말투로 '할뿌 할뿌' 하면서 나의 볼에 입맞춤을 했다.

외손녀의 입맞춤을 즐기면서도 나의 머리는 사위 손에 들려 있는 케이크의 까닭을 알아내느라 분주했다. '내 생일은 아니고, 아버님 어머님 생신은 봄에 지나갔는데, 그렇다면 누구의 생일이지?' 아차, 케이크의 주인은 바로 아내라는 사실이 머리를 스쳤다. 그때 딸아이가 다가와 내 귓가에 "아빠, 내일 엄마 생일인 것 몰랐지!" 하는 것이었다. "아니야, 아빠가 그 중대한 일을 잊을 리가 있나?" 이 말을 할 때 살짝 아내와 눈이 마주쳤다. 순간 미안하기도 하고 당황스럽기도 했다. 지금까지 단 한 번도 아내의 생일을 잊은 적 없이 축하를 해 주었는데 이번에는 깜빡 잊고 그냥 지나칠 뻔했다. 딸아이 덕분에 아내의 생일을 알게 되어 다행이었다.

사십 대 후반까지는 아내의 생일이 다가오면 주로 화장품이나 액세서리 종류를 선물로 준비해서 생일을 축하해 주었다. 그러다 쉰이 지나서부터는 사랑의 편지와 함께 약간의 현금을 봉투에 넣어 생일 전날 아내의 머리맡에 놓아두곤 했다. 사는 게 바빠서일까. 아니면 너무나 많은 걸 생각하며 살아서일까. 잠시나마 잊어버린 아내의 생일과 함께 지나온 세월이 주마등처럼 머리를 스쳐갔다.

얼마 전 안동에 있는 경북문화콘텐츠진흥원에서 실시하는 스토리텔링 아카데미 연수를 받은 적이 있었다. 연수 도중에 아내로부터 문자 한 통이 날아왔다. 인천에서 군 생활을 하고 있는 아들이 훈련 도중 사고를 당했다는 내용이었다. 순간 깜짝 놀랐지만 내일 일찍 인천에 가봐야 되겠다는 생각을 하면서 애써 마음을 진정시키고 수업을 듣고 있는데 또 한 통의 문자가 왔다. 딸아이로부터 "아빠 오늘 동생이 훈련 도중 화상을 입었다는데, 내일 일찍 인천에 가는 버스표 예매를 해 놓으세요."라는 내용이었다. 그리고 잠시 후 "아빠 인천 가는 버스표 끊어놓았어요?"라는 문자가 연이어 마음을 어지럽혔다. 순간 나는 '왜 이리 문자를 호들갑스럽게 자주 보내는 거지?' 하면서 조금 기분이 상했다.

마음이 혼란스러워 수업에 집중할 수가 없었다. 듣는 둥 마는 둥 수업을 마치고 버스표를 예매하려고 헐레벌떡 영주버스정류장에 갔다. 그런데 예상과는 달리 평일이어서 인천 가는 버스는 좌석이 남아돌아 예매를 할 필요가 없었다. 무거운 마음으로 내일 인천 가는 일정을 의논하러 아내와 함께 곧바로 딸아이 집으로 갔다. 현관문을 열면서 기쁘게 맞이하는 딸아이에게 나도 모르게 "정수야, 넌 문자를 왜 그렇게 퉁명스럽게 보내니?" 하며 화를 내고 말았다. 아들에 대한 걱정이 앞서 나도 모르게 딸에게 역정을 내 버린 것이다. 그러자 딸아이도 서운한지 울먹거리며 "아빠, 문자가 여러 번 왔으면 그만큼 급한 일이 있어서 왔겠지 하고 이해해 주시면 안 되나요? 지금까지 저에게 정수 사랑한다, 네가 있어 아빠는 얼마나 큰 힘이 되었는지 모른다고 늘 말씀하셨으면서… 말뿐인 것 같아요. 섭섭해요!"

일순간 방 안의 공기는 침묵 속에 가라앉고 있었다. 잠시 불편한 시간이 흐른 후 딸아이가 다시 입을 열었다. "아빠, 제가 문자를 계속 보낸 이유는 여러 번 울려야 문자를 빨리 확인하실 것 같아서 그랬던 거예요.

그리고 혹시나 내일 아침 일찍 인천 가는 차표가 없을까 봐 그랬어요. 기분 나쁘게 말한 게 아니고 마음이 급해서 나도 모르게 여러 번 문자를 보낸 건데 아빠 마음 상하게 했다면 죄송해요. 동생을 생각하니 불안한 마음에 앞뒤 생각할 겨를이 없었어요. 오해하지 말아 주세요."

순간 가슴이 아려지면서 눈물이 핑 돌았다. 딸아이에게 비친 내 모습이 무척이나 작아 보였다. 가족이라는 것이 나에게 무엇일까. 어느 누구보다도 혈연으로 다져진 집단이 아니던가. 자식이 잘못하면 부모가 대신 용서를 빌기도 하고 부모가 잘못하면 자식의 진심 어린 마음을 통해 서로 보듬어가며 36.5도의 따뜻한 체온을 전하는 것이 가족이 아니던가.

다시 한 번 돌이켜본다. 내 가족들에게 입버릇처럼 속삭이던 사랑의 단어들 '사랑해 당신', '아빠는 예쁜 정수가 있어 얼마나 힘이 솟는지 몰라', '아들아 사랑한다. 너는 우리 집의 기둥이야', 그리고 손녀에게는 '우리 지연이 정말 예쁘네' 라고 했던 수많은 말들이 정말 내 가슴속에서 얼마만큼의 진심을 통해 나왔을까를 생각하니 뭉클 목이 메어왔다. 늘 나의 건강을 지켜주는 36.5도의 체온처럼 우리 가족에게 대했던 사랑의 온도는 변함이 없었던 것일까? 오늘도 가족들은 변함없는 사랑의 온기로 나를 감싸주고 있는데….

가족과 함께하는 명절, 추석이 다가온다. 누가 그랬던가, '더도 말고 덜도 말고 한가위만 같아라' 라고. 가족 간의 따뜻한 정겨움을 지켜나가는 사랑의 온도 36.5도, 여기에는 어떠한 조건과 수식어도 필요치 않다. 이번 추석에는 자동차 대신 기차 여행을 가고 싶다. 어린 시절 열차 속에서 즐겼던 삶은 계란과 사이다를 온 가족이 함께 나누어 먹으며, 어떤 환경 속에서도 변함없이 우리 가족을 지켜주는 사랑의 온도를 가슴 가득 느껴보고 싶다. 36.5도의 따뜻한 체온처럼!

■ **박근식**

안동대학교 대학원 졸업. 제40회 보건의날 대통령표창 수상. 1급 생활스포츠지도사. 대한보건협회 절주전문강사. 영주문예대학 제7기 수료.

지리산 곤달비 외 2편

월정 이 선 희

바람꽃 영롱함을 내품은 아침향기
세모시 깨끼치마 소롯이 안다미로
산지기 발자욱소리 푸른하늘 이슬맞네

아가야 어서자라 밤이불 베개삼아
사슴도 갈길멈춘 지리산 밤벌레도
서럽게 가온누리로 길손들을 영접하네

꽃구름 갈맷빛에 쌓이는 그리움도
전갈의 노래소리 엇박자 내고서는
칠월의 들풀난자리 앉은뱅이 곤달비

지리산 뱀사골에 신선이 하산하여
윤슬에 바람소리 밤풍금을 치는데
헤설픈 흰빛참수리 춘경에 포롱거린다

섬

고깃배 통통배 서산 해무리
친구 삼아 절절이 어영청 넘어가면

청산에 살아갈거나 타관객주
임 떠난 그 섬 청춘이 다 간다네

이 내 몸 조개 따다 소라 따다
님 보신 하려거늘
그대 어디로 가나

바위섬 초승달 떠오니 정녕 내님 보내고 말 터인가
날 두고 가신님 어디 간들 편하리오

한 많은 이내 심사 그 누가 알아주리
절벽 산 비슬에 목 길게 핀 노란
민들레 이내 맘 같다드뇨
예쁜 아기 훌쩍 커서 떠난 자리엔
눈물 방울 훔쳐 내고
가슴앓이 얼기설기 한 백 년만 살자 하네

청산에 살아갈거나 타관객주
임 떠난 그 섬 청춘이 다 간다네

詩

박꽃열기

푸르름이 엉크러져 하얀색이 되었나
먼 산에도 식상한 초승달 박꽃으로 환생하였나
별빛에 거울바라기 님 마중 온다 한들
유색의 쉼표 찍고서 돌아서는 나그네

새색시 가슴 같은 싱그런 표주박
팔월의 둥지를 알알이 내려놓고
날갯짓 매미소리 골바람 사려든다

시간의 두께에 달빛도 쉬어 가고
노년의 머릿발 댕기머리
땋아트려 은전 한 닢 행복 찾아
한세상 사는 여울목

속삭이는 햇살 아래 재잘이는 박넝쿨
복주고 기쁨 주는 장수마을 친구 되네
감성의 발자욱으로 축제 여는 한마당

▣ 이선희

영주문예대학 제7기 수료. 인애가 장수마을 재직.

가을 영상 외 2편

정 오 순

쪽물이 금방이라도
후둑 하고 떨어질 듯한 하늘
실눈 뜨고 하늘 보다
가을 햇살 시리도록 좋아
옷장 속 묵은 겨울옷
줄 세워 불러내
사이좋게 앉아 볕바라기 하는
촌부의 귓속으로
참깨가 세상 밖으로 나오는 소리
톡
토독
톡

비움의 미학

詩

비우니 이렇게나 넓었던 것을
꽉꽉 채워놓고 그리도 불평이었네
스물두 평 아파트 토끼장 같다고 투덜대다가
이사한다 짐 빼고 보니 이렇게나 넓었던 것을

그렇구나
그렇구나
비워야 이렇게 풍요로운 것을
세상을 이만큼 살고도
버리지 못하는 욕심이 내 안을 꽉 채워
오도 가도 못하고
옴짝달싹도 못하고
그렇게도 무거운 몸을 가지고
허덕거리고 살아왔구나

가을 되니 만물이 물기를 털어낸다
버석거리는 가벼운 몸을 하고
윤회의 수레바퀴를 돌려함인가

비워서 가벼이 됨이 세상 만물의 이치건만
오롯이 인간만이
버리고
비움이
그리도 어렵던가

광목

투박하되 푸근하고
거칠지만 섬세하며
따뜻하되 뜨겁지 않고
시원하되 차갑지 않은 너

머릿수건 눌러쓰고
가을볕에 깨 터는 어머니 같은
등에 진 나뭇짐만큼이나
삶의 무게 버거우셨던
내 아버지 같은

내 말이라면
팥으로 메주를 쑨다 해도 믿어주던
고향의 그 순하디순하던
친구 봉선이를 닮은

그래서 나는
광목이 좋다

■ 정오순

영주문예대학 제7기 수료. 주부.

| 수필 |

마지막 결투

조 태 영

1948년 경북 영주시 안정면 내줄리 안정들 한복판에 10여 호가 모여 살고 있는 대추밭들이라는 작은 시골 마을에서 태어났다. 어쩐 일인지 11살이 되도록 아버지는 우리 형제들을 학교에 보내지 않으셨다. 나보다 5살 위인 형님은 한문을 배우고 있었고 2살 아래인 동생과 나는 놀고 있었다.

친구들이 학교에 갈 때면 늘 부러워했는데 나중에는 부러움이 증오로 변하여 학교 가는 아이들을 이유 없이 괴롭혔다. 이웃 동네 아이들이 학교에 갈 때나 냇가에 목욕을 하러 갈 때는 우리 집 마당을 지나야 하는데 그때마다 나를 사나운 개를 보듯 무서워하였다. 이리하여 성질은 날로 난폭하여졌다. 글을 배우고 싶은 마음에 한글독본을 익히는 누나들 어깨 너머로 한글을 익혔고 친구들이 골목길에서 노래 삼아 외우는 구구단도 외웠다.

우리 동네에는 할머니들이 몇 분 계셨는데 모두가 문맹자였다. 겨울이나 비가 와서 일을 못하는 날이면 동네 큰 방에 모여서 놀았다. 남녀가 유별하다고 하여 할아버지와 할머니들은 따로 놀았다. 할머니나 아주머니들은 글을 몰라서 나를 불러 소설책을 읽으라고 하였다. 어느 집에나 『심청전』, 『춘향전』, 『장화홍련전』 같은 십전소설이 한두 권은 있었고 어떤 집에서는 종이가 없어서 소설책을 찢어 엽초를 말아 피우기도 하였다. 나는 할머니들에게 책을 읽어 주었다. 할머니들에게는 느리게 천천히 읽어 주어야 한다. 나 역시 한글을 겨우 익힌 터라 노인들처럼 운을 붙여서 읽었다.

"심청이가 심 봉사 눈을 뜨게 하려고 가설나무내 공양미 삼백 석에 팔려가는데 가설라무네…"라고 읽으면 할머니들은 눈물을 흘리시면서 "태영아! 가만히 있어봐라, 심청이가 팔려 간다고, 아이고! 이를 어쩌나, 눈물이나 좀 닦고 듣자."라고 하셨다. 책을 읽어주면 할머니들은 고구마, 감자, 옥수수 같은 간식을 주었다. 그 당시에는 밥도 겨우 먹을 때이므로 간식은 아예 생각도 못했다. 할머니들은 이야기를 들어서 좋고 나는 간식을 얻어먹어 좋고, 누이 좋고 매부 좋은 일이었다. 이렇게 시간만 있으면 할머니들은 나를 불렀고 그때마다 신바람이 나서 책을 읽어 드렸다. 나중에는 '가설라무네' 라는 코러스를 넣지 않으면 책을 읽을 수 없는 아이 노인이 되어갔다.

1958년 5월 어느 날, 3년 동안 아버지 바지 자락을 붙잡고 학교에 보내달라고 조른 보람이 있었던지 아버지와 함께 '안정국민학교' 에 면접을 보러 갔다. 집에서 학교까지는 5리 길이다. 학교가 빤히 보이는 길이 그날따라 왜 그리도 먼지 앞에서 아버지를 당기다가 뒤에서 밀기도 하였지만 길은 좀처럼 축이 나지 않았다. 한나절이 거의 되어서야 학교에 도착하였다. 교무실에 들어서니 10여 명의 선생님들이 계셨고 그중 젊은 선생님 한 분이 아버지께 인사를 하였다.

"어르신, 이 아이가 오늘 면접 볼 학생입니까?"

"예예, 선생님, 제 아들놈입니다."

선생님은 내 손을 잡고 선생님 자리로 데리고 갔다. 의자에 앉으며 물으셨다.

"너 나이가 몇 살이냐?"

"열한 살요."

"책을 읽을 줄 아느냐?"

"야." 하고 대답을 하자 3학년 국어 교과서를 펼쳐놓고 읽어보라고 하였다. 나는 자신 있게 큰 목소리로 읽었다.

"오월은 푸르른 달 어린이 세상 오월은 어린이 달 우리들 세상 가설나무내…."

"우하하하, 우하하하…." 하고 갑자기 교무실이 웃음바다가 되었다.

"태영아! 그 가설라무네는 빼고 읽을 수 없겠니?" 하시면서 아버지는 근심스럽게 나를 바라보셨다.

"아부지! 그것 빼면 잘 안 되는데…."

나는 머리를 긁적이면서 대답하자 교무실은 다시금 웃음바다가 되었다. 잠시 후 선생님은 구구단을 외워 보라 하셨다.

"이일은 이, 이이 사, 이삼은 육…."라고 노래 삼아 외웠더니 선생님께서는 "어르신, 태영이가 한글도 알고 구구단도 다 외우니 3학년에 입학시키겠습니다. 내일부터 학교에 보내십시오."라고 하시자 아버지는 "선생님 고맙습니다, 고맙습니다."라고 몇 번이나 허리를 굽혀 인사를 하신 다음 "태영아, 너도 선생님께 인사 하고 가야지."라고 하셨다. "선생님, 고마우이더."라고 인사를 하자 선생님들은 웃음을 참지 못하고 또다시 킥킥거리며 웃었다. 선생님들이 아까부터 자꾸 웃는데 그 이유를 알 수가 없었다.

아버지 손을 잡고 귀가하는 길은 발걸음도 가벼웠다. 풀빛 고운 들판에는 아지랑이가 춤을 추고 파란 하늘 흘러가는 한 조각 흰 구름도 길동무가 되어 주었다.

그렇게도 가고 싶어 하던 학교에 가는 날이다. 우리 동네에는 학생이 2명이 있는데 4학년과 3학년이다. 3학년 친구는 7살에 입학하여 덩치도 작고 힘도 약하여 학교에서 친구들에게 시달림을 많이 받고 있었다. 그러던 중에 내가 학교에 간다는 소리를 듣고 아침 일찍부터 우리 집 문 앞에서 기다리고 있었다. 학교에 같이 갈 친구가 생겨서 좋기도 하지만 싸움꾼인 나와 같이 다니면 다른 아이들에게 시달림을 받지 않아도 되기 때문이다. 그날부터 졸업할 때까지 그 친구의 보디가드 역할을 하였고 운동회 때는 상 받은 노트를 몇 권씩 나누어주기도 하였다. 우리 셋은 너무 좋아서 걷다가 뛰다가 하면서 순식간에 학교에 도착하였다.

학교 생활은 모두가 낯설었다. 3째 시간이 보건 시간이어서 운동장에 모였다. 내가 덩치가 제일 커서 맨 앞에 섰는데 터치 볼(피구)을 하려고 선생님은 배구공을 주며 "줄줄이 좌 향, 앞으로 뛰어—갓!" 하고 구령을 내렸다. 처음 들어보는 말이다. 왼쪽으로 뛰어가라는 말 같기도 한데 자신이 없었다. 하는 수 없이 선생님께 물었다. "선생님! 왼쪽으로 뛰어가란 말이껴?"라고 묻자, 선생님과 친구들 모두가 배를 잡고 웃었다. 그 이후로 친구들은 나를 촌놈이라고 놀렸고 그때마다 놀리는 친구들을 두들겨 주었다. 그러는 사이에 학교 생활에도 점차 익숙해지고 친구들과도 친해졌다. 하고 싶었던 공부도 열심히 하여 3학년 말에는 학년에서 2등을 하였다.

4학년이 되자 반장이 되었다. 반장 선거에서 여학생들이 표를 몰아주었다. 여학생들은 노는 시간에 주로 고무줄놀이를 하였는데 짓궂은 남학생들이 칼로 고무줄을 끊곤 하였다. 그때마다 내가 나서서 말려 주었는데 여학생들은 나를 그녀들의 수호천사로 생각하고 적극적으로 지지하여 주었다.

그러던 어느 날 우리 반에 낯선 친구가 한 명 들어왔다. 별명은 황소였고 가정 형편상 집에서 한 해를 놀다가 복학을 하였다. 힘이 황소 같다고 하여 별명을 황소라고 지었다 한다. 한 학년에 대장이 둘이 있을 수가 없다. 황소는 나에게 결투를 신청했고 나도 바라는 바였으므로 쾌히 승낙하였다. 수업을 마치고 학교 사택 앞에서 내줄 안동네로 들어가는 골목길에서 싸우기로 하였다.

소문은 금방 퍼져서 많은 아이들이 구경하러 모였다. 우리는 서로 인사를 한 다음 신사적으로 싸웠다. 내가 조금 유리한 싸움이었다. 그러나 싸움은 쉽게 끝나지 않았다. 황소가 쓰러지면 그 동네 아이들이 일으켜 세워서 다시 싸움터로 내보냈고, 보통은 코피가 나면 항복을 하고 싸움이 끝났는데 황소는 코피가 터져도 피를 닦고 다시 싸움터로 나섰다. 별명처럼 미련한 황소였다. 이렇게 힘이 다 빠질 때까지 싸우다가 결국은 승부를 다음 날로 미루고 휴전을 하였다.

그렇게 3일을 싸우고도 승부가 나지 않아 오늘도 휴전을 하고 집으로 돌아가는 나는 기진맥진하였다. 너무나도 힘이 없어 책보는 친구에게 맡기고 맨몸으로 가는데도 힘이 들었다. 깊은 생각에 잠겼다. 무엇을 위해 싸우고 있는가? 사람들은 싸우지 않고는 살 수 없을까? 이런저런 깊은 생각 끝에 싸움은 우리의 삶에 도움이 되지 않는다고 생각하였다. 그래서 그 시간 이후로는 어떠한 일이 있어도 남과 싸우지 않기로 맹세하였다. 그날 이후 오늘까지 12살 어린 나이에 했던 맹세를 지키며 내 자식 외에는 누구에게도 폭력을 사용하지 않고 비폭력주의자로 평화를 사랑하며 살아왔다. 싸우지 않는 것은 싸우는 것보다 훨씬 힘들었고 많은 인내를 필요로 했다. 군 생활에서는 줄빠따를 칠 때 내 차례가 되어서 내 밑의 졸병들을 때리지 않기 위해 졸병들이 내게 맞아야 할 몫을 내가 대신 다 맞기도 하였다.

해마다 3월이 되면 그때의 마지막 결투가 문득문득 생각이 나기도 한다. 황소는 초등학교 졸업 후 상경하여 벽돌 공장에서 산업 전사로 열심히 살았는데 사랑하던 여인이 그동안 힘들게 모은 돈을 가지고 야반도주하는 바람에 쇼크를 받아 머리가 잘못되어 지적장애자가 되었다. 내가 30대 초반일 때였다. 어느 영주 장날 황소가 2살 난 아기를 내 책상 위에 올려놓고 사라지는 바람에 온종일 아기를 보느라 혼이 난 적이 있는데 그 이후로는 한 번도 황소를 만나지 못하였다. 황소가 행복하게 잘 살았다면 마지막 결투는 우리에게 아름다운 추억이 되었을 터인데 황소가 불행해지자 그때를 생각할 때마다 미안하고 후회스럽다.

▣ 조태영

영광고등학교 졸업. 영주문예대학 제7기 수료. 토목 기사. 바둑 아마추어 5단. 탁구 4부.

그래도 봄은 외 2편

최 예 환

아직도 이르지 아니한 봄은
웅크린 사람들의 겨울옷을 켜켜이
우리 맘
동토(凍土)부터 먼저
서둘러 오면 좋겠다

어저께 벗었던 양지 볕이 아쉬운가
옥상 끝 부는 바람, 몸서리치는 깃발 너머
경칩에 나섰던 개구리
무탈할는지, 걱정이다

그래도 창을 열고 하늘을 우러르자
저기 하늘, 봄기운 빙빙 돌아 크레센도
땅 깊은 그곳에서도
새순 솟고 있을 거야

통영(統營)

— 청마문학관에서

동피랑 피어난 포오란 꿈 패랭이꽃
그 너머 갈매기 한 쌍 나지막이 날고 있어
홀로 선
통영 앞바다
그곳은 조용한 숨소리

석양에 비낀 구름 섬 사일 달리다가
깃발을 이제 접은 푸른 말 한 마리
호젓한
언덕배기에서
토지(土地)보다 먼저 눕다

모두 다 떠나가고 깃든 새도 잠들지만
별빛 더욱 영롱한 그리운 시혼(詩魂) 앞에
잔잔한
엄니 품속 바다
떠나갈 수 없는 혼백

석등(石燈)

— 부석사(浮石寺)

몇 계단 오른 걸까 돌아보니 때는 이미
산은 타는 바다, 나는 석등이다
지켜온 억겁 침묵에 내려앉은 저 풍진

가볍지 아니하다, 깊은 연(緣)이여
어둠이 촛불 밝혀 속으로 태운 번뇌
지친 혼 내려앉다가 풍경 소리 몸을 떤다

닫쳐진 문틈으로 새나오는 노승(老僧) 얼
향내 짙은 독경소리 진한 파도 일렁이고
마음속 이유 없는 눈물 촛농(膿)처럼 떨른다

■ 최예환

경북 선산 출생. 계명대학교 의과대학 졸업, 경북대학교 의과대학 대학원 박사 과정 졸업. 영주문예대학 제7기 수료. 봉화제일의원 개원 중.

영주문예대학 제8기생

회/원/작/품

연못 외 2편

권경자

흐르고 싶었다
흐르고 흘러서
시냇물과 손잡고
흐르고 흘러서
강물과 더불어
마침내 그곳에 닿고 싶었다

산다는 게 맘대로 되진 않는다던데

그 열망 겹겹이 쌓여
썩고 썩어서 이윽고 고요해져
너
연꽃을 피워낼 수 있다면
내 썩은 내음
너의 향기로 퍼질 수 있다면
그것은 흐르지 않고 흐르는 길
내가 나에게로 흐르는 길임을 안다

사랑하는 사람아
부디 아름다움과 그리움
향그러움만 갖고 흘러라

떠날 때는 조용히

詩

겨울, 연화산에서

산은 잔다
여름내 무성하게 키웠던 나무들 잠재우고
낙엽들 이불 삼아 깊은 잠에 빠졌다

겨울
연화산에는
이불이 된 낙엽들도 있고
떠나지 못하고
메마른 나뭇가지 아슬하게 부여잡은 채
낙엽도 되지 못한
갈참나무가 있다

누렇게 말라비틀어진
갈참 나뭇잎 사이로
차가운 바람이 지날 때마다
바스라지는 듯
가느다란 울음소리만 토해낸다

너에게서 나를 보고
나에게서 너를 본다

이제는 낙엽이 되어라
새봄이 돌아와 새싹이 돋기 전에
낙엽이 되어라
제발

부석사에

그리움으로 가슴 저린 날엔 부석사로 가자
그곳엔 그리움이 먼저 와
기다리고 있네

닿은 듯 닿지 못한
선묘의 사랑은 부석이 되어
뒷숲에서 이는 바람에 가슴 떨어도
피안에 이른 아미타여래의
지긋한 눈빛이
괜찮다 괜찮다 하고

그 곱던 단청
바람에 다 씻기우고도
단아하고 따스한 무량수전은
좋다 좋다 저 산너울 물들이는
노을이 좋다 하며
부질없는 생각일랑
여기 두고 가라 하네

안양루 지나 내려오는 길
어리석은 나를 보며
계단 하나에 그리움 한 줌 내려놓고
계단 둘에 한숨 한 줌 내려놓고
백팔 번째 계단에서
따뜻한 온기 천년의 향기
가슴 가득 채웠네

다시 천년의 시간을 돌아
어느 날 문득 그리움에 가슴 벅찰 때
그때도 이 모습 그대로
나를 기다려주면 좋겠네

▣ 권경자

금계중학교 교사 명예퇴임. 영주문예대학 제8기생.

문학 기행 외 2편

성직헌 **조 경 영**

저 높은 하늘 위에 올라가기 쉬워도
시인의 높은 경지 따라가기 어려워
오늘도 안성 땅 찾아 배움의 길 나섰네

문학관 들어서니 한눈에 띄는 것이
단아한 글씨체로 계명일성 동일월
어머니 심부름 왔다 돌아가는 편운재

청와헌 둘러보니 시인의 효성 느껴
숙연히 고개 숙여 명복 빌며 서 있네
찬란히 서광 비추어 대한민국 밝히리

대문호 문학공원 찾아온 문학 후예
알뜰히 살펴보며 감탄사 늘어놓고
어쩌면 그 고생 끝에 불후의 명작 토지

서천 산책

솔숲 길 걷다 보면 어느새 머리 맑고
폭포수 바라보면 마음 또한 상쾌해
차라리 바위 걸터앉아
쉬어 가고 싶네

소백산 맑은 약수 서천 쪽 흘러들어
헤엄치는 물고기 떼 먹황새 날아들어
서로가 쫓고 쫓기는
먹이사슬 보이네

서천교 넓은 다리 자동차 달려가고
영주교 아치 위엔 까치 소리 모여들어
잔디밭 늘 푸른 벌판
골프 치는 남녀 노인

구수산 올라가서 서천을 굽어보면
맑은 물 흘러 흘러 낙동강 근원지
제민루 삼판서고택
선비 정신 깃들었네

슈퍼 문

추석날 저녁
옥상에 올라왔다
구름 한 점 없는
맑은 하늘에
한가위 보름달이
떠 있다.

바람도 서늘하여
쾌적한 기온
여름에 귀찮게 하던
모기도 없다

그리워할 사람도
사랑할 사람도
없이
홀로 보름달을
본다

한없이 밝고 투명한
저 달을
가슴에 안고 싶다.

■ 조경영

안동교육대학, 한국방송통신대학교 초등교육 졸업. 초등교사(봉성초등학교, 영주초등학교 외 다수) 40년 재임 후 정년퇴임. 영주문예대학 제8기생.

영주문예대학 동인회

발자취
회칙
주소록

〈영주문예대학 동인회 발자취〉

영주문예대학은 경상북도 도립영주공공도서관 내 동아리 모임에서 시작하였으며 지금도 영주공공도서관에서 열심히 문학 공부를 하는 사람들과 함께 다독(多讀), 다작(多作), 다상량(多商量)으로 많은 양질의 작품을 창작해 내고 있다.

2008년 3월부터 개강하여 대학의 국문학과 커리큘럼(Curriculum)으로 운영하고 있으며, 영주문예대학 제1기생들은 초기의 열악한 환경 속에서도 문학에 대한 열정을 가지고 공부해 왔다.

영주문예대학 제1기생들은 끈기를 가진 사람들로 구성되어 있었다. 봉화에서도 참여하는 사람들이 있었으며, 심지어 영월 최한규 목사까지도 참여하였다. 이에 교사진은 열심히 교재를 연구하면서 수업에 임했다.

제1기생 11명 중에는 정승철 님이 유일하게 청일점이었다. 초등학교 선생님도 계셨다. 그 바쁜 상황 속에서도 문학이란 공부를 제대로 배우겠다는 일념 하나로 늦은 밤 시간까지 자리를 지켰다.

2008년 후 학기 공부를 마치고 경찰서 앞 신촌식당에서 식사를 하면서 몇몇 사람이 이제 《영주문예대학 동인회》를 결성하자는 발의(發意)가 있었다. 이에 2008년 10월 29일 《영주문예대학 동인회》 결성을 서두르게 되었다.

- ◆ 그 이후 2008년 12월 《제10회 가람 이병기 전국 시조 공모전》에 응모한 김경미 님이 시조 부문 장원(壯元)을 하여 첫 수상의 영예를 안게 되었으며, 2008년 12월 《제1회 문경 오미자 체험 수기 전국 공모전》에서 전미경 님이 대상(大賞)을 수상했다. 제1기생들은 그렇게 어려운 과정이었는데도 11명이 수료를 하게 되었다.
- ◆ 2009년도로 넘어오면서 제2기생을 받았다. 처음에는 많은 사람들이 수강신청을 하였으나, 차츰차츰 줄어들어 마지막까지 남아서 수료증을 받은 사람은 7명이었다. 제2기생들이 수업하는 중 2009년 4월 24일 《제43회 단종제 백일장》에 참석하여 제2기생 이다희 님이 시 부문 대상(大賞)을

수상하였으며, 송명순 님이 차하(次下), 전미경 님이 산문부 차하(次下)를 수상하였다.

한 해가 지나가면서 제1기생들이 전국 각지의 백일장 및 공모전에서 많은 성과를 거두는 것을 보며 '하면 된다'는 의지를 세울 수 있었다. 이에 1기생들과 2기생들에게 많은 위로와 격려가 되어주었다.

- 2009년 5월 10일에는 영양문인협회가 주최하는 《제3회 조지훈 예술제 백일장》에서 제2기생 서춘희 님이 산문시를 써서 장원(壯元)을 차지했다.
- 2009년 5월 11일에 경북 고령군에서 있었던 《제1회 문열공 매운당 이조년 추모 전국 백일장 대회》에 참가한 제1기생 김경미 님이 쓴 작품 「가야금」이 대상(大賞)을 받게 되었다. 서춘희 님도 「가야금」으로 장려상을 수상했다.
- 2009년 5월 23일 예천문인협회에서 주최하는 《제6회 서하(西河) 전국 백일장 대회》에서 제1기생 박성우 님이 시 부문 대상(大賞)을 받게 되었다. 5월에는 백일장 대회가 몰려 있는 한 해인 것 같았다.
- 2009년 5월 30일 한국문인협회 영주지부가 주최하는 《제25회 전국 죽계 백일장 대회》에서 서춘희 님이 시 부문 대상(大賞)을 수상하게 되었으며, 박정혜 님이 참방(參榜)을 했다.
- 2009년 6월 20일 제1기생 박정혜 님이 《제3회 전국 학생 일반 백일장》에서 우수(優秀)상을 수상하게 되었다.
- 2009년 8월 6일 한국문인협회 안동지부 주최 《제30회 육사 백일장》에서 제1기생 김후남 님이 시 부문 장원(壯元), 서춘희 님이 시 부문 차상(次上)을 수상했다.
- 2009년 9월 19일 문경문인협회 주최 《제2회 문경 오미자 전국 체험 수기 공모전》에서 박정혜 님이 동상(銅賞)을 수상했다.
- 2009년 10월 10일 충주문인협회 주최 《제3회 중원 전국 백일장》에서 제1기생 박성우 님이 시 부문 차상, 송명순 님이 시 부문 차하, 전미경 님이 산문 부문 차하(次下)를 수상하고 왔다.
- 2009년 11월 19일 《제22회 매일 한글 백일장》에서 김후남 님이 차하(次下)

수상, 20일 《제7회 시민 독서 감상문》에서 박정혜 님이 〈은행나무상〉을 수상했다.

◆ 2009년도 12월 28일 신라문학대상운영위원회에서 주관하는 《제21회 신라문학 대상》 수필 부문에 제1기생 전미경 님이 대상(大賞)을 수상하면서 당당하게 문단에 등단했다. 2009년도를 마감하는 자리여서 전미경 님의 신라문학 대상은 더더욱 빛이 났다.

2009년 한 해는 우리가 문학 수업을 하고 1년 동안 수업한 보람을 만끽하는 한 해였음을 고백하지 않을 수 없다.

2010년도 3월 제3기 영주문예대학생들의 수강생들도 예외 없이 많은 사람들이 지원했으나, 차츰차츰 시간이 지날수록 줄어들고 있었다. 특히 3월 달에는 열심히 하겠다는 각오로 시작하지만, 시간의 여유가 뒷받침되지 않아서 중도에 포기하는 사람들이 많았다. 문학을 체계적으로 배우기 위해서는 끈기 있는 노력과 부지런한 마음의 소유자여야 한다는 것을 수강생들을 보면서 느낄 수 있었다. 문학은 열심히 배워서 글을 잘 쓰면 자아 실현의 길잡이로도 업그레이드(Upgrade)된다는 사실을 알게 될 것으로 본다.

◆ 2010년 벽두부터 기쁜 소식이 날아왔다. 한국문인협회 기관지인 『월간문학』 1월호 수필 부문에 전미경 님의 작품이 실리고, 사단법인 한국문인협회 회원이 됨을 통보해 왔다. 영주문예대학 수강을 한 사람 중에서 처음으로 『월간문학』에서 첫 수필가를 배출한 셈이 되어 더욱 기쁘다.

◆ 2010년 6월 4일 영양문인협회에서 《제1회 전국 지훈 백일장 대회》를 고려대학교에서 주최하였는데, 최대한 많은 상금으로 문객들을 불러 모았다. 영주문예대학 제1기생 한영미 님이 시(詩) 부문 대상(大賞)을 수상하여 〈한국문화예술위원장상〉을 탔다. 이어서 김경미 님이 〈한국문인협회 이사장상〉을, 송명순 님이 〈영양문인협회장상〉을, 김후남 님, 이분남 님, 박성우 님 등 1기생들이 각각 수상했다.

◆ 2010년도 8월 6일 경상북도교육지원청에서 초 · 중 · 고등학교 교원들을 대상으로 문예대전과 같은 격으로 매년 경주화랑교육원에서 실시하는 《제31회 교원 예능 실기 대회》에서 중등 시 부문에서 제2기생 황연숙(영

주제일고등학교 교사) 님이 금상(金賞)을 수상했다.

- 2010년 10월 1일 제1기생 전미경 님이 《제3회 영월 관광 여행 수기 공모전》에서 장려상을 받았으며, 전미경 님은 그 이후 수기를 쓰는 것에 대해서는 일가견을 가진 수필가로 정평이 났다.
- 2010년 11월 12일 제1기생 황연숙 님이 《제8회 시민 독서 감상문 현상 공모》에 참여하여 〈은행나무상〉을 수상했다.

영주문예대학 제3기 수료자는 총 4명이었다. 이때가 영주문예대학으로서 존폐를 생각해야 했던 가장 어려웠던 시기가 아니었나 생각한다. 한 사람을 앞에 두고도 강의를 해 본 적이 있는 시기가 바로 이때였기 때문이다.

2011년도 3월에는 예년에 비해 많은 사람들이 문학 수업을 신청한 시기였다. 이 시기에 수강 신청하신 분 중에서 목사님이 3명이었고, 하나같이 창작 활동을 열심히 해서 세 분 모두 문단에 등단하였다.

- 2011년 6월 영월에서 영주문예대학 강의를 듣기 위해 온 최한규 목사는 한국문인협회 기관지 『월간문학』 6월호에 시 부문으로 문단에 등단하여 시인(詩人)으로서 각광을 받게 되었고, 제2기생 서춘희 님은 계간 『시와 세계』 여름호로 문단에 등단했다.
- 2011년 7월에는 제4기생 곽규진 목사와 제1기생 김후남 님이 월간 『문학세계』 7월호에 시 부문으로 문단에 등단하게 되었으며, 봉화 송명순 님이 월간 『문학세계』 8월호로 문단에 등단하게 되어 영주문예대학은 더욱 빛나게 되었다.
- 2011년 9월에는 문명숙 님이 월간 『문학저널』 9월호 수필 부문 〈신인문학상〉에 당선되어 수필가로 등단했다. 영주문예대학 제4기생 김정애 님께서 영양문인협회 주최 《제2회 전국 지훈 백일장》 시 부문에서 영예의 장원(壯元)을 했다. 송영숙 님께서는 시 부문에서 차하(次下)를 수상했다.
- 2011년 10월로 넘어오면서 제4기생 조경자 님께서 『한국크리스천문학』 가을호로 시 부문 신인상을 수상하면서 시인(詩人)으로 문단에 등단하였다. 특히 한국크리스천문학가협회에서는 신인 발굴을 위해 상패와 서적 등을 제공해 주고 있다.

◆ 2011년 10월 3일 《제14회 김삿갓 문화제 전국 백일장》에서 제4기생 송영숙 님이 시 부문 장원(壯元)을 수상했으며, 제4기생 장경숙 님이 산문 부문에서 차상(次上)의 영예를 차지했다.

2011년 제4기생은 화려한 문학 활동을 하였으며 총 15명의 학생이 수료하게 되었다. 영주문예대학도 개교한 지 4년차가 되어 시인(詩人) 또는 수필가(隨筆家)로 문단에 등단하는 분들이 늘어나고 있다. 이 시기에 문단에 등단하여 시인(詩人)이나 수필가(隨筆家)가 된 분들이 모두 7명이나 되었다.

2012년 올해로 넘어오면서 점점 주위에서 영주문예대학 존재가 빙산의 일각에서 그 수중의 몸체가 드러나 보이듯이 이름 자체에도 값어치가 붙은 것을 여실히 찾아볼 수 있었다. 그것은 영주문예대학 동문들 개개인의 실력을 발판으로 쉬지 않고 열심히 공부하면서 영감(靈感, Inspiration)을 얻어 더 좋은 작품으로 보답하기 위한 것이라 할 수 있다. 또한 자신의 정체성(Identity)을 드러내기 위한 쉼 없는 작업 활동의 결과라고 말할 수 있다.

2012년의 결실은 후반기부터 괄목(刮目)할 만한 성과를 표출하여 영주문예대학생들의 저력을 보여주고 있다. 이것은 어느 한 사람의 힘만으로 되는 것이 아니라 모든 동인들 개개인의 힘이 이루어 낸 결과인 것이다.

◆ 2012년 영주문예대학 1학기 중에는 5월 12일 영주문인협회가 주최하는 《제28회 전국 죽계 백일장》에서 제4기생 김정애 님이 장원(壯元)을, 제5기생 김미영 님이 차하(次下)를, 길재남 님, 송윤선 님이 각각 참방(參榜)을 차지했다.

◆ 2012년 2학기에 들어서자 월간 『문학세계』 8월호에 송윤선 님과 문명숙 님이 시 부문 〈신인문학상〉에 각각 당선되어 문단에 등단하였으며, 예천문인협회 주최 《제8회 서하 전국 백일장》에서 영주문예대학 제5기생 장경숙 님께서 산문부 장원(壯元)을 차지했다는 소식을 접했다. 김정애 님께서도 시 부문 차상(次上)을 수상했다.

◆ 2012년 9월에는 제4기생 김정애 님과 제1기생 봉화 이분남 님이 월간 『문학세계』 9월호 시 부문 〈신인문학상〉에 각각 당선되어 문단에 등단했다. 그리고 영양문인협회 주최 《제1회 오일도 시인 추모 전국 백일장》에

서 제5기생 송영숙 님께서 시 부문 영예의 대상(大賞)을 차지했다.

- 2012년 9월 10일 영주문예대학 제4기생 문명숙 님은 대구일보 주최《제3회 경북 문화 체험 전국 수필 대전》에서 금상(金賞)을 수상했으며 심사위원들이 작품의 우수성을 언급했다는 말을 전해 들었다. 그리고 영남일보 주최《제2회 전국 독도 문예 대전》에서 문명숙 님이 특별상(特別賞)을 수상했다. 이것으로 문명숙 수필가는 수필로서 자기 자신의 입지를 완전하게 세웠다는 호평을 받았었다. 또 길재남 님은《경상북도 도민 한마당 대회》에서 3위 차하(次下)를 했다.
- 2012년 10월로 넘어오면서 김영숙 님은 월간『한울문학』10월호 시 부문 〈신인문학상〉을 수상하면서 문단에 등단하게 되었다.
- 2012년 11월에는 송영숙 님이 월간『문학세계』11월호 시 부문 〈신인문학상〉을 수상하였으며, 장경숙 님은 월간『문학세계』11월호 수필 부문 〈신인문학상〉을 획득해서 수필가로 당당하게 문단에 등단했다.
- 2012년 12월에는《영주문예대학》제5기생인 강문희 님과 조영옥 님께서 월간『문학세계』12월호 시 부문에서 각각 〈신인문학상〉을 수상하게 되어 문단에 등단하였다.
- 2012년 12월 임진년(壬辰年) 마지막 장식은 김경미 님이 화려하게 대미를 장식해 주었다. 김경미 님은 한국문인협회 기관지『월간문학』12월호 〈월간문학 시조 부문 작품상〉으로 문단에 등단하였다.

《영주문예대학》이 2013년 4월 4일(목, 19:00~21:00)에 영주공공도서관(2층) 강의실에서 개강을 하였다. 개강 첫날에는 문학 공부를 해 보겠다는 생각에 많이 나왔다. 무려 32명이나 등록해서 열심히 하겠다는 다짐을 하였다.

개강 첫날부터 계획을 세운 대로 우리는 산문과 운문을 분리해서 강의 지도를 하였으며 필요한 시간을 많이 확보하려고 노력하였다. 공부를 하는 회원들은 인내심이 많을수록 이겨낼 수 있는 힘을 길러나가는 것 같았다.

- 김범선 소설가는 몸이 편찮은데도 매시간 나와서 알찬 강의를 해 주어서 전 회원들이 고맙게 생각하고 있으며 더욱 열심히 공부하는 것 같았다. 그리고 박영교 교장선생님께서는 4월 6일 오후 6시 삼척 홍문표 시인의

시집 해설을 쓴 관계로 출판기념회에 참석하여 한 시간 시 해설을 맡아 강의했다. 또 2013년 4월 13일에는 《추강시조문학상》 심사를 한 관계로 시상식에 참석하였다. 김점순 회장은 적십자 전국 부회장과 사우회 회장을 맡아서 회원들의 촬영 관계로 분주했으며 전시 준비에 여념(餘念)이 없었다.

◆ 영주시립요양병원 이사장 김덕호 박사는 2012년 월간 『문학세계』 11월호에 단편소설 「이젠 네 손을 잡아줄게」가 소설 부문 〈신인문학상〉 수상으로 소설가로 문단에 등단하였다. 그리고 《한국소설가협회》 기관지 『한국소설』 2013년도 10월호에 작품 「목도리」를 발표하면서 《한국소설가협회》 정회원으로 입회하였다.

◆ 『영주문예대학』 창간호를 위해 윤지훈 실장과 상의를 한 결과 5년 동안 피땀 흘린 보람을 한데 묶을 수 있는 보람을 열어준다는 큰 생각을 할 수 있어서 마음이 한편으로는 가뿐하지만 또 한편으로는 무거웠다. 김천우 이사장과 윤지훈 실장님, 그리고 편집진 여러분들께 감사한다.

◆ 김범선 소설가는 2013년 4월 25일 단편소설집 『노루잠의 개꿈』을 도서출판 〈E-book 교보퍼플〉에서 출간했으며 또 2013년 8월 26일 에세이집 『땅콩밭에 여우들』을 같은 도서출판 〈E-book 교보퍼플〉에서 출간했다.

◆ 2013년 4월 27일 강원도 영월군에서 실시하는 《제47회 단종제 전국백일장》에서 전영임 님이 산문(散文) 부문 장원을 하였으며, 김미영 님이 시(詩) 부문 장려상을 받았다. 그리고 5월 4일 김미영 님이 《전국죽계백일장》에서 시 부문에 입상하였다.

◆ 김점순 회장은 2013년 5월 4일 영주시(시장 김주영)에서 주최하는 《제4회 영주관광 전국사진 공모전》에서 은상을 수상하였으며, 또 8월 23일~9월 2일까지 열리는 《2013년 이스탄불-경주 세계문화엑스포》의 국제행사에 참석하고 돌아왔다.

◆ 박영교 교장선생님께서 아홉 번째 시집 『춤』, 세 번째 평론집 『시조작법과 시적 내용의 모호성』 두 권을 출간하여 난생처음이자 마지막으로 2013년 5월 25일 《남서울 예식장》에서 출판기념회를 열었다. 그날 서울에서 윤지훈 실장과 윤제철 님이 창원, 포항에서 제갈태일 한국사설시조포럼 회장이 참석하여 축사와 시 해설을 맡아서 해 주었다. 그날 오신 손

님이 3백여 명이 넘는다고 했다.

◆ 한국문인협회 예천지부에서 개최한 2013년 6월 1일 《제10회 서하 전국 백일장》에서 5기 김성희 님이 영예의 대상을 차지하였으며 김순남 님이 차상을 받게 되었다.

◆ 2013년 6월 10일 금빛 봉사단 안동 모임에 김범선 소설가와 박영교 교장 선생님께서 참석하였으며, 11일에는 안동중앙교회에서 《경북 크리스천 문인회》에 박영교, 김점순, 김복희 회원이 참석하여 문학토론회를 가졌다. 그리고 13일에는 영주시립병원 이사장 김덕호 박사께서 영주문예대학 강의를 한 시간 맡아주었다.

◆ 2013년 6월 26일 영주시립병원 4주년 기념회에 박영교, 김범선, 김점순, 김유미, 조영옥, 하만욱 님께서 참석하여 자리를 빛내주었다.

◆ 2013년 7월부터는 전학기 강의가 종강이 된다. 월간 『문학세계』 7월호에는 3년간 계속해 작품을 써오면서 발표한 김동한 님께서 「어머니」 외 2편의 작품으로 시 부문 〈신인문학상〉으로 문단에 등단하였다. 그는 상주농잠 고등학교를 졸업하고 동화, 동시를 열심히 썼으며 산문시도 능하게 쓰고 있다.

◆ 한계순 시인은 제10회 〈문학세계문학상〉 본상을 받게 되었다. 그는 문단에 등단 뒤 첫 시집 『또 하나 얻어진 나이테』를 출간 이후 3년 만에 작품 「노모(老母)」라는 작품으로 큰 상을 받게 되어 우리 문학인들의 찬사를 받고 있다.

◆ 2013년 7월 25일 《영주문예대학》 종강을 하면서 『영주문예대학』 창간호가 출간되어서 동문들끼리 간단한 출판기념회를 가졌다. 그 자리에는 영주문인협회 지부장을 대신해서 김영애 사무국장이 참석하여 함께 자리를 빛내주었다. 감사하는 바이다.

◆ 《영주문예대학》 문학기행으로 영덕 강구항과 울진 불영계곡으로 돌아서 하루의 일정을 마치고 돌아왔으며, 제6기 회장 박병국 님의 배려가 컸음을 밝혀둔다.

◆ 월간 『문학세계』 8월호에는 3년 동안 열심히 문학수업을 받고, 작품을 발표한 작품으로 김성희 해성병원 원무부장님께서 작품 「아버지의 흔적」 외 2편으로 시 부문 〈신인문학상〉을 받으면서 문단에 등단했다.

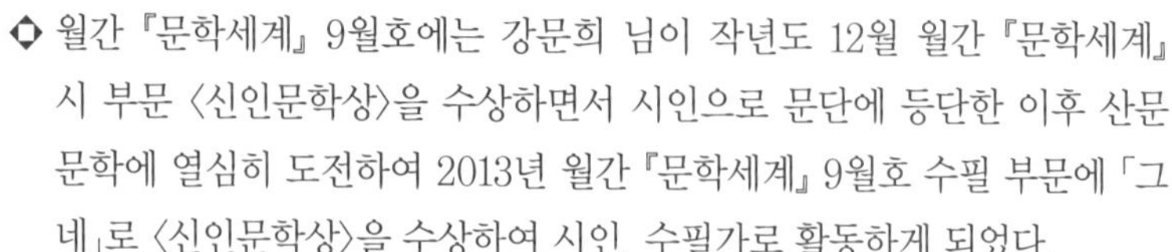

- 월간 『문학세계』 9월호에는 강문희 님이 작년도 12월 월간 『문학세계』 시 부문 〈신인문학상〉을 수상하면서 시인으로 문단에 등단한 이후 산문 문학에 열심히 도전하여 2013년 월간 『문학세계』 9월호 수필 부문에 「그네」로 〈신인문학상〉을 수상하여 시인, 수필가로 활동하게 되었다.
- 월간 『문학세계』 10월호에는 강현숙 님이 작품 「춘양역」 외 2편이 시 부문 〈신인문학상〉에 당선되어 시인으로 등단하게 되었다.
- 박영교 교장선생님께서 2013년 9월 13일 《제3회 전국독도문예대전》 글짓기 심사위원으로 위촉받아 심사를 하고 왔으며, 9월 14일에는 《제3회 경북여성문학상》 심사위원장으로 풍기 《풍기 한우푸라자》에서 심사를 하였다.
- 전영임 님이 2013년 10월 12일 《제34회 전국육사백일장 대회》 산문 부문에서 입상을 하였으며, 김희영 님은 《제16회 김삿갓전국백일장대회》 시 부문에서 장원을 차지했다.
- 박영교 교장선생님께서는 2013년 10월 24일 오후 2시부터 경상북도 도청 대강당에서 《제54회 경상북도 문화상》 심사위원으로 위촉받아 심사를 하고 돌아왔으며, 사단법인 《한국예술문화단체총연합회 예천지회》에서 《제1회 예천전국 시낭송대회》에서 심사위원으로 위촉받아 심사를 하고 왔다.
- 2014년 12월 7일 김경미 님께서 사단법인 세계문인협회 주최 《제8회 세계문학상》 시조 부문 본상을 수상했다.

2014학년도 《영주문예대학》 4월 10일 도립 영주공공도서관(2층) 강의실에서 개강하였다.

올해도 문학 공부를 하려고 접수한 사람들은 많았으나 공부를 느슨하게 하지 아니하고 1년 동안 열심히 써 내고 열심히 읽어서 작품을 습작해 내야 살아남는 공부이기 때문에 그냥 강의만 들으려고 나오는 사람들은 중도에서 탈락하고 있음을 볼 수 있다. 올해에도 많은 문학도들이 시작부터 많이 나오고 있다. 문학은 수료했다고 그냥 둬 버리면 촉각이 무디어져서 작품을 쓰지 못하게 된다. 수료 후에도 1~2년을 다니면서 꾸준히 습작을 해오면 문인이라는 칭호를 따 낼 수가 있다고 자부할 수 있다.

- 김범선 선생님께서 건강을 위해 계속 노력하고 있으며 호전되고 있으니 우리 《영주문예대학》 동인회원들께서는 빨리 쾌차할 수 있게 힘과 격려를 보내주시면 고맙고 감사하겠습니다.
- 2014년 4월 18일 《영주문예대학》 제1기생인 한영미 수필가님께서 2014년도 《제39회 샘터상》 시조 부문 장원으로 시조시 문단에 입문하게 되었다. 수상작품은 「연리지」로 당당하게 당선의 영광을 안게 되었다.
- 2014년 4월 19일 사단법인 《한국작가회》에서 발인 10년을 축하하는 마음으로 한국 작가의 위상을 위해 박영교 교장, 김범선 중앙위원께 〈특집 축하메시지〉를 원고 청탁하였으며 무궁한 발전을 기원했다.
- 2014년 4월 19 《영가시조문학회》 발행인 김시백 시인이며 목사님께서 제정한 시조문학상으로서 《제10회 추강시조문학상》 심사를 박영교 교장 선생님과 김시백 목사님께서 하였다.
- 2014년 4월 20일 사단법인 《한국시조문학진흥회》 김락기 이사장께서 《제1회 수안보온천시조문학상》을 제정하여 심사위원장으로 박영교 교장 선생님께서 심사를 마치고 왔으며 시상식 때는 축사까지 하고 수상자들을 격려하고 왔다.
- 소설가협회 중앙위원인 김범선 선생님께서 『펜 문학』 4월호에 단편 「갈대와 삭풍」을 발표했다. 김범선 선생님은 불편한 가운데에서도 왕성한 작품 활동을 하는 것을 우리 문우들은 많은 반성과 깨달음을 가져야 할 것이라고 생각한다.
- 2014년도 5월 《영주문예대학》 제1기생인 김경미 시인이 그동안 열심히 노력하고 또 안동대학교 대학원 국어국문학과에서 박사 과정을 공부하면서 꾸준한 노력을 경주하는 것을 보고 시조 동인 《오늘동인》에서 영입하도록 입회를 허락받고 입회하여 2014년도 동인지 『하늘 무게』에 작품 「꽃과 어린 왕자」 외 9편의 작품을 발표하였다.
- 2014년 5월 29일 《영주문예대학》 제6기생인 김희영 님께서 대구은행 주최 《대구은행 여성백일장》에서 차하를 했으며 상금도 많이 타 가지고 왔다.
- 2014년 6월 8일 박영교 교장선생님께서 한국문인협회 예천지부(지부장 권오휘)에서 실시하는 《제11회 서하전국백일장》 심사를 하였으며 심사평도 함께 집필하였다.

◆ 2014년 7월호 월간 『문학세계』에 《영주문예대학》 제6기생인 영주시립병원 하만욱 부원장님께서 「그리움」 「한여름 날의 오수(午睡)」 「수평선」 등의 작품으로 『문학세계』 〈신인문학상〉 시 부문을 수상하면서 당당하게 문단에 진출했다. 하만욱 시인의 문운을 빈다.

◆ 2014년 7월 11일 박영교 교장선생님께서 계간 『시조시학』 원고 청탁으로 인해서 《오늘동인》 회원님들의 작품을 제출하면서 좀 더 좋은 작품을 쓰겠다는 생각을 많이 하게 되었다.

◆ 2014년 7월 24일 《영주문예대학》 제1학기 강의를 마치고 문예대학 방학 중 추수 지도를 할 수 있는 날을 정하고 《영주문예대학》 문학 기행 계획을 발표하면서 좀 더 가까운 곳으로 가서 작품 쓸 구상을 할 수 있도록 하였다.

◆ 2014년 7월 17일 영주시립병원 〈치유 뜰〉에서 《영주문예대학》 문학 강의를 박영교, 김범선, 시립병원 이사장 김덕호 박사님의 특강도 함께하였다.

◆ 2014년 7월 25일 박영교 교장선생님께서 〈도립 영주공공도서관〉 운영위원장으로서 운영위원회를 개최하였다. (3층)

◆ 2014년 8월호 월간 『문학세계』에 《영주문예대학》 제5기생인 안문현 님(전 경북인터넷고등학교 교장)께서 「주산지」, 「나부상 1」, 「지리산」 등의 작품으로 월간 『문학세계』 〈신인문학상〉 시 부문에 당선되어 당당하게 한국 문단에 진출하게 되었다. 안문현 교장은 아동문학(동화)에도 깊은 관심을 가지고 열심히 노력하고 있다.

◆ 2014년 8월 10일 《한국문인협회 영주지부》와 자매지부인 《한국문인협회 삼척지부》에서 해변시낭송회를 하여서 문단에 등단하고 영주지부 회원인 시인과 수필가들이 참석하여 시낭송을 하고 왔다.

◆ 2014년 8월 13일 시조 계간지 『시조세계』 발행인 백이운 사백님께서 봉화 해저에서 1박을 하고 가시면서 이곳 김학준 시인과 김희선 시인, 그리고 박영교 시인이 함께 참석했다. 정용국(회장)시인과 김해 서석조 시인, 서울에서 다수 시인들이 참석하였으며 조영일 시인도 함께하였다.

◆ 2014년 8월 15일 《영주문예대학》 문학 기행을 하였다. 행선지는 청송 《객주문학관》을 먼저 가서 김주영 소설가의 삶에 대해 토론도 하였으며 작품 〈객주〉에 대한 자료 수집의 어려움도 생각할 수 있는 시간을 가졌다.

◆ 2014년 9월호 월간 『문학세계』에 영주시립병원에 근무하는 중인 《영주문

예대학》 제6기생 김유미 님께서 「가을 3」, 「몫」, 「진주에서」 등의 작품이 〈신인문학상〉 시 부문에 당선되어 한국 문단에 당당히 입성하였다.

◆ 2014년도 9월 26일 《영주문예대학》 1기생인 전미경 수필가는 〈대구일보〉 주최 《제5회 경북문화체험 전국수필대전》에서 작품 「무섬」으로 은상을 차지했다. 모든 문우들이 함께 축하하는 바이다.

◆ 《영주문예대학》 제1기생인 김경미 시인이 계간 『시와 소금』 가을호에서 자유시로 문단에 확신을 갖는 기회를 가졌다. 축하한다.

◆ 2014년 10월 16일 우리 《영주문예대학》 교무처장 김점순 시인이 영주시에서 수여하는 봉사 및 효행 부문에서 《영주시민대상》을 수상했다. 축하하는 바이다.

◆ 2014년 10월 25일 한국문인협회 영주지부에서 실시하는 《제30회 전국죽계백일장》에서 《영주문예대학》 6기생인 김희영 님이 대학일반부에서 장원을 수상했다.

◆ 2014년 10월 24일~26일까지 《영주문예대학》 교무처장 김점순 시인이 《영주사우회》 회장으로서 사우회 회원전을 시민회관 전시실에서 개최하였다.

◆ 2014년 10월 《영주문예대학》 교무처장 김점순 시인이 《제15회 대한민국정수 사진대전》에서 사진 작품이 높은 평가를 받아 다수 입상하였다.

◆ 2014년 11월호 월간 『문학저널』에 서정아 님(영주시립병원 의사)이 제28회 『문학저널』 〈신인문학상〉 수필 부문에 작품 「원수를 용서하는 이유」 외 1편이 당선되어 수필가로 등단, 당당하게 한국 문단에 입성하였다.

◆ 2014년 12월호 월간 『문학세계』에 《영주문예대학》 제7기생인 이선희 님의 작품 「용궁 회룡포」 「한라산」 「회상」 등의 작품이 『문학세계』 〈신인문학상〉 시 부문에 당선되어 한국 문단에 시인으로 등단하였다. 축하하는 바이다.

◆ 2014년 12월 4일 6기생 전영임 님께서 《제26회 신라문학대상》 수필 부문에 당선, 『월간문학』 2015년 1월호에 당선작이 발표되어, 수필가로 등단하였다. (상금 500만 원)

《영주문예대학》은 1~2학기 1년 동안 공부하여 수료하는 과정으로 공부하기가 매우 어렵다고 생각할 수 있으나 자신의 확고한 신념과 꾸준한 노력이 뒷받

침해 주어야 하는 공부이다. 문학에 대한 지식이 백지 상태에서 공부하는 것이 더 좋은 작품을 탄생시키기가 좋다고 하는 사람도 있다. 2014학년도에는 총 14명이 수료하게 되었다.

- 2015년 1월 08일 박영교 시인은 경북문인협회 선거관리위원 회의 일로 김천에 다녀왔다.
- 2015년 1월 10일 김범선 소설가는 「채꾼」이라는 스토리텔링의 작품을 『한국소설』 1월호에 발표하였다.
- 2월 15일 한국작가회의 시조분과 선정 2015년 『좋은시조』(책만드는집 刊)에 박영교 시인의 작품이 실렸다.
- 2015년 4월 박영교 시인이 수안보 상록호텔에서 《제6회 역동(우탁)시조문학상》과 《제2회 수안보온천시조문학상》을 심사(심사위원장)하기 위하여 다녀왔다.
- 2015년 5월 23일 《제3회 전국 안향선생 휘호대회》에서 한문 초서로 입상했다.
- 2015년 6월 김범선 소설가는 월간 『문학세계』 6월호에 「척금대」라는 스토리텔링 작품을 발표하였다.
- 2015년 6월 26일 김점순 처장은 경상북도 종합자원봉사센터 이사회 참석 하고 왔다.
- 2015년 7월 김범선 소설가는 월간 『문학저널』 7월호에 스토리텔링 작품 「발상공진」을 발표하였다.
- 2015년 7월 21일 김점순 처장은 《대한적십자사 경북지사》 운영위원회에 참석하고 돌아왔다.
- 2015년 7월 30일 박영교 시인은 《경상북도립 도서관 운영위원회》 운영위원장으로서 후기 도서관 운영 전반에 관한 회의를 진행했다.
- 2015년 월간 『문학세계』 8월호에 나진훈 님의 작품 「매화 운(韻)」 외 2편과, 최정린 님의 작품 「첫눈을 맞다」 외 2편이 월간 『문학세계』 〈신인문학상〉에 당선되어 문단에 등단하였다.
- 2015년 8월 22일 김점순 처장은 《대한적십자사 경북지사》 회의를 위해 대구 출장을 갔다가 왔으며 이어서 문경새제에서 《제6회 1m 1원 자선 걷

기대회》에도 참석하고 돌아왔다.

◆ 2015년 9월 김범선 소설가는 경주엑스포 『2015 세계글작가대회기념 문집』에 작품 「디딜방아」(한국의 정서)를 발표하였다.

◆ 2015년 9월 7일 박영교 시인은 한국문인협회 전통문화위원회의에 참석하고 돌아왔다.

◆ 2015년 9월 20일 영주시(시장 장욱현)에서 영주 지역의 숨어 있는 스토리를 발굴하여 영주의 가치와 비전에 대한 국민의 관심을 높이고 참신한 문화콘텐츠 발굴, 영주와 관련된 문화유산, 인물, 농산물, 음식 등의 소재를 활용한 전국에 스토리텔링 공모전을 개최하였다. 전 16편을 뽑는데 《영주문예대학》 출신들이 9명이 응모하여 9명 전원이 당선되었다. 공모 주제는 영주와 관련된 소재를 활용한 이야기 창작물—영주 지역의 역사, 문화유산, 자연, 인물, 전통시장. 음식, 농산물 등 유 · 무형 자원을 대상으로 지역의 정체성을 살린 테마 스토리였다.

◆ 2015년 월간 『문학세계』 10월호에 정오순 님의 작품 「어머니의 5월」 외 2편이 〈신인문학상〉에 당선되어 문단에 등단하였다.

◆ 2015년 10월 30일 김점순 처장은 고령에서 《경상북도자원봉사원대회》 참석하였으며 11월 18일에는 김천 문화예술회관에서 《대한적십자사 창립》 110주년 기념 경북지사 연차대회》에도 참석하고 돌아왔다.

◆ 2015년 11월 20일 제1기생 전미경 수필가는 《제16회 시흥문학상전국공모전》에서 대상 다음인 우수상을 수상하게 되어서 우리 《영주문예대학 동인회》 동문들의 열렬한 응원과 기쁨의 박수를 받았다. 응모 자격은 20세 이상 기성, 신인 불문으로 하여 치열한 경쟁 속에서도 당당히 차석인 우수상을 손에 쥐게 되어 그 문학의 값어치가 더욱 빛난다. (대상은 상금 700만 원, 우수상은 100만 원)

◆ 2015년 11월 21일 김점순 처장은 사단법인 세계문인협회에서 한국 문학의 세계화와 대중화를 선언하고 21세기글로벌 문학을 선도하기 위해 벌인 《제10회 세계문학상》 공모전에서 시 부문에서 대상을 수상했다. 수상 작품은 「학자수를 말하다」였으며 외 9편을 응모했다.

◆ 2015년 11월 25일 우리은행 본점 대회의실에서 대한적십자사 전국대의원총회에 참석하고 왔다. ■

〈영주문예대학 동인회 회칙〉

제정 2015. 7. 23.

제1장 총칙

제1조 : (명칭) 본회는 영주문예대학 동인회(이하 본회)라 칭한다.

제2조 : (사무소) 본회의 사무소는 영주시내에 둔다.

제3조 : (목적) 본회는 문학인으로서 인격과 자질을 향상하고 동문들의 상호 협조와 유대관계를 더욱 돈독히 하면서 서로간의 문학 활동에 있어 정보 제공과 최고의 작품을 잉태하기 위한 노력을 하면서 우리 고장의 향토문화 발전에 기여하기 위해 회원 각자 자신의 문학을 꽃피우는 데 주력하도록 한다.

제4조 : (자격) 본회의 회원은 영주문예대학 출신자와 그들을 도와주는 운영위원으로 자신의 작품을 최고의 작품으로 절차탁마할 수 있는 자로 구성한다.

제5조 : (사업) 본회는 제3조의 동인회 목적을 달성하기 위하여 다음과 같은 사업을 하도록 한다.

1. 문인들의 권익 옹호와 저작권에 관한 사항
2. 동문지 발간에 관한 사항(연 1회를 기본으로 하고 필요할 시는 그 이상도 출간할 수 있다.)
3. 동문들의 창작 활동을 도와주고 친목을 위해 문학 기행, 실질적인 작품 합평회를 갖는다.
4. 문학 연구 발표, 문학 토론, 시화전, 문학 인사 초청 문학 강좌 등
5. 중앙의 다른 동인과의 교류활동
6. 지방 유수 동인과의 자매결연

제6조 : (명부) 본회는 회원 명부를 비치한다.

제2장 임원 및 기구

제7조 : (임원) 본회의 임원은 회장, 부회장, 감사, 사무국장 및 차장으로 구성하고 필요시 각 분과 위원회를 둘 수 있다.

제8조 : (분과위원회) 본회는 다음과 같은 분과 위원회를 둘 수 있다.

1. 시분과 위원회
2. 시조분과 위원회
3. 소설분과 위원회
4. 수필분과 위원회
5. 아동문학분과 위원회
6. 희곡 및 시나리오분과 위원회
7. 평론분과 위원회

제3장 임원의 구성 및 임무

제9조 : (임원 구성) 본회의 임원은 다음과 같이 구성한다.

1. 회장 : 1명
2. 부회장 : 3명
3. 사무국장 : 1명
4. 사무차장 : 1명
5. 감사 : 2명
6. 분과 위원장 : 각 분과별 1명
7. 운영위원 : 약간 명

제10조 : (고문) 본회의 원활한 운영을 위해 운영위원, 고문을 둘 수 있다.

제11조 : (임기) 본회 임원의 임기는 2년으로 하고 연임할 수 있다.

제12조 : (임무) 임원의 임무는 다음과 같다.

1. 회장은 본회를 대표하여 모든 회무를 총괄한다.
2. 부회장은 회장을 보좌하고 회장 유고 시 업무를 대행한다.
3. 사무국장은 회장을 보필하여 회장의 명에 따라 모든 회무 전반을 처리한다.
4. 사무차장은 사무국장을 도와서 회무를 기록하고 경리 실무를 담당한다.

5. 감사는 본회의 재정 및 회무 집행을 감사하고, 그 감사에 대한 의견을 종합적으로 해서 총회에 보고한다.

제4장 회의

제13조 : (회의) 본회 회의는 정기 총회와 임시 총회, 임원회, 분과 위원회로 구분한다.

제14조 : (정기총회) 정기 총회는 당해 연도 12월, 임시 총회는 임원회의 요청 또는 회원 3분의 1 이상의 요청이 있을 때, 회장이 필요하다고 인정되면 이를 소집할 수 있다.

제15조 : (분과회의) 각 분과 위원장은 담당분과 위원을 대표하며 필요시 분과 위원회를 소집할 수 있다.

제16조 : (회의 성립) 총회는 회장이 소집하고 참석 인원으로 성립한다.

제17조 : (부의사항) 총회의 부의 사항은 다음과 같다.

1. 예산의 결의와 결산 승인
2. 정기 감사 결과 보고
3. 임원의 선출
4. 회칙 개정
5. 기타 사항

제18조 : (의결) 총회의 의결은 출석 회원의 과반수 찬성으로 가결되며 가부동수일 때는 회장이 결정권을 갖는다.

제19조 : (임원회) 임원회는 제9조의 임원으로 구성하며 회장이 소집하고 다음과 같은 일을 한다.

1. 사업 계획 수립
2. 기타 본회에 관계되는 총회의 위임 사항

제20조 : (분과위원회) 각 분과 위원회는 분과 위원장이 소집하고 다음과 같은 일을 한다.

1. 분과 활동
2. 신입 회원의 작품 심사 및 심의

제5장 임원 선출

제21조 : (임원 선출) 임원의 선출은 총회에서 시행하고, 분과 위원장은 분

과별로 선출한다. 단, 사무국장과 사무차장은 회장이 선정하여 총회 때 보고한다.

제22조 : (고문 추대) 본회의 필요에 따라 고문을 둘 때에는 임원회에서 추대하여 총회에 보고한다.

제6장 재정

제23조 : (회계연도) 본회의 회계연도는 매년 1월 1일부터 12월 31일까지로 한다.

제24조 : (세입) 본회의 경비는 연회비, 특별회비, 광고비, 찬조금 및 기타 수입으로 한다. 단, 연회비는 삼만 원으로 하고 총회에서 가감하여 결정할 수 있다.

제25조 : (장부) 본회는 현금출납부, 은행예치통장, 수입지출 증빙서류철을 비치한다.

제7장 상벌

제26조 : (포상) 본회에 공이 있는 사람은 공적에 따라 다음과 같은 포상을 할 수 있다.

1. 기념패
2. 감사패
3. 공로패

제27조 : (제명) 본회의 목적 및 규약에 위배되거나 본회의 명예를 훼손시키는 회원은 임원회의를 거쳐 총회의 의결로 징계하고 본인에게 통보한다.

제28조 : (징계 사유) 본회의 징계는 다음의 경우에 한한다.

1. 회원의 자격을 문학 이외의 일에 활용하여 회의 명예를 실추한 회원

부칙

1. 본회의 회칙에 정해지지 않은 사항은 일반 관례에 준한다.
2. 본 회칙은 공포한 날로부터 시행한다. (2015년 7월 23일)

영주문예대학 동인회 회원 주소록

기별	성 명	주 소	전 화
1기	김경미	36023 경상북도 영주시 풍기읍 동양대로65번길 41-10 (교촌리 32) 동양아파트 가동 503호	010-6356-5538
	박성우	36057 경상북도 영주시 가흥로 343 (가흥동 1488) 영주가흥3단지주공아파트 304동 1502호	010-4511-8291
	송명순	36239 경상북도 봉화군 봉화읍 봉화로 1144 (내성리 419-4)	010-8563-7710
	이분남	36238 경상북도 봉화군 봉화읍 내성천1길 106 (내성리 353-6) 강변빌라 102호	010-5190-7373
	전미경	36092 경상북도 영주시 남간로71번길 10 (휴천동 1213) 세영첼시빌아파트 104동 1402호	010-9504-1504
	전미선	36239 경상북도 봉화군 봉화읍 꽃동네길 23 (내성리 419-7) 장원아파트 401호	010-9277-1831
	한영미	36238 경상북도 봉화군 봉화읍 교촌길 51 (내성리 449-7) 삼영아파트 B동 203호	010-8565-4921
2기	서 희	36156 경상북도 영주시 구성로142번길 20 휴천동 1777) 남산현대아파트 201동 1705호	010-8583-0289
	이다희	36133 경상북도 영주시 지천로55번길 54 (휴천동 506-3) 송림맨션 B동 608호	011-9904-2254
	최한규	26217 강원도 영월군 남면 광천길 60-6 (연당리 335-3)	010-7578-9125
	황연숙	36091 경상북도 영주시 영주로 334 (하망동 524-1) 청구하이츠아파트 102동 1403호	010-6291-3868
3기	길재남	36099 경상북도 영주시 선비로 215 (영주동 513-1) 현대강변타운1차아파트 1동 1102호	010-7301-2230
	김기병	36069 경상북도 영주시 원당로223번길 5 (하망동 247-13) 영남행운맨션 102호	010-6774-5959
	조경자	36164 경상북도 영주시 남간로 38-17 (휴천동 173) 동산아파트 106동 1903호	010-9554-0842
	최승현	36091 경상북도 영주시 영주로 334 (하망동 524-1) 청구하이츠아파트 105동 1101호	010-9889-8998
4기	곽규진	36048 경상북도 영주시 순흥면 대평로158번길 24 (지동리 724)	010-2020-0431
	김임수	36164 경상북도 영주시 번영로64번길 34-9 (휴천동 121-6)	010-5634-7580
	김정애	36081 경상북도 영주시 원당로163번길 24-9 (하망동 316-47)	010-4951-7418
	문명숙	36056 경상북도 영주시 신재로12번길 67 (가흥2동 520-3) 현대아파트 102동 506호	010-9580-3045

기별	성 명	주 소	전 화
4기	송영숙	36156 경상북도 영주시 구성로142번길 20 (휴천동 1777) 남산현대아파트 204동 1305호	010-7459-5117
	오원희	36089 경상북도 영주시 영주로280번길 13-9 (하망동 288-2)	010-6476-0026
	이점진	36056 경상북도 영주시 신재로24번길 103-11 (가흥2동 539-10)	010-2482-8368
	최남주	36099 경상북도 영주시 선비로 203 (영주2동 470-220) 주공아파트 9동 503호	054-633-3235
	황연지	36135 경상북도 영주시 대학로 130 (가흥동 1385) 주공아파트 105동 1106호	011-824-4786
5기	강문희	36065 경상북도 영주시 원당로 384-20 (상망동 247-2)	010-5619-4151
	강현숙	36156 경상북도 영주시 구성로142번길 20 (휴천동 1777) 남산현대아파트 207동 103호	010-8907-6967
	김경성	36077 경상북도 영주시 광복로24번길 16 (영주동 347-59)	010-8854-2019
	김동한	36122 경상북도 영주시 지천로123번길 24 (가흥1동 1471-21)	018-287-0242
	김미영	36027 경상북도 영주시 풍기읍 남원로 152-21 (성내리 197-1) 한솔맨션 101동 308호	010-5858-5700
	김석진	36024 경상북도 영주시 풍기읍 인삼로 22-3 (성내리 166-1)	010-9087-4813
	김성희	36107 경상북도 영주시 지천로 167-2 (가흥동 1454-22)	010-3537-0170
	김영숙	36099 경상북도 영주시 선비로 215 (영주동 513-1) 현대강변타운1차아파트 6동 505호	010-7159-7307
	김은주	36538 경상북도 영양군 영양읍 군청길 11 (서부리 479-7)	010-8876-2529
	박성락	36132 경상북도 영주시 지천로50번길 38 (휴천동 452) 휴천2차현대아파트 5동 1202호	010-8729-3652
	송윤선	36156 경상북도 영주시 구성로142번길 20 (휴천동 1777번지) 남산현대아파트 204동 203호	010-4532-4107
	안문현	36089 경상북도 영주시 효자길50 (하망동 403-5)	010-9579-2715
	이정자	36083 경상북도 영주시 영주로 299 (하망동 276-1) 코오롱아파트 101동 905호	010-3823-6371
	장경숙	36142 경상북도 영주시 장수로 306 (문정동 683)	010-4805-9466

기별	성 명	주 소	전 화
5기	조영옥	36132 경상북도 영주시 지천로 46 (휴천2동 456) 현대아파트 106동 1103호	010-3455-3866
	한계순	36010 경상북도 영주시 단산면 단산로 535-20 (병산리 468)	010-6805-4568
6기	김순남	36056 경상북도 영주시 창진로 63 (가흥동 530) 시영아파트 105동 306호	011-823-6129
	김완호	36132 경상북도 영주시 지천로 46 (휴천동 456) 현대아파트 106동 1103호	010-3458-3820
	김유미	36099 경상북도 영주시 선비로 215 (영주동 513-1) 현대강변타운1차 2동 605호	010-6525-4200
	박병국	36016 경상북도 영주시 순흥면 순흥로55번길 9 (읍내리 327-6)	010-2808-4455
	박혜숙	36063 경상북도 영주시 의상로16번길 14 (상망동 451-4)	010-8311-3353
	방유수	36238 경상북도 봉화군 봉화읍 내성로4길 6-3 (내성리 214-12)	010-3546-3788
	소애분	36150 경상북도 영주시 대동로203번길 56 (휴천동 668-5)	010-4623-7567
	송상욱	36238 경상북도 봉화군 봉화읍 교촌길 11 (내성리 462-3) 명성센시빌아파트 605호	010-9707-0332
	전영임	36132 경상북도 영주시 지천로 64-17 (휴천2동 464-2)	010-9868-1773
	하만욱	36051 경상북도 영주시 안정면 장안로 697 (내줄리 300-1) 시립노인전문요양병원	010-5265-5723
	황복남	36134 경상북도 영주시 대동로 95 (가흥동 319) 강변2차아파트 102동 605호	010-4860-6967
7기	가옥연	36005 경상북도 영주시 부석면 노곡길24번길 86-16 (노곡리 140-1)	010-8732-8578
	고점식	36156 경상북도 영주시 구성로142번길 20 (휴천동 1777) 남산현대아파트 2204동 1205호	010-8455-4591
	김현숙	36088 경상북도 영주시 남간로 17 (휴천동 706-3) 석미모닝파크 101동 505호	010-7618-7333
	김희영	36083 경상북도 영주시 영주로 299 (하망동 276-1) 코오롱1차아파트 4동 503호	010-9355-6094
	나진훈	36088 경상북도 영주시 남간로 17 (휴천동 706-3) 석미모닝파크 102동 603호	010-8592-5955
	박근식	36026 경상북도 영주시 풍기읍 기주로 102-1 (성내리 23-6)	010-3822-5735

기별	성 명	주 소	전 화
7기	이선희	36057 경상북도 영주시 가흥로 345-27 (가흥동 2046) 영주가흥4단지주공아파트 403동 1102호	010-6233-4906
	장성자	36083 경상북도 영주시 영주로 299 (하망동 276-1) 코오롱1차아파트 7동 204호	010-3536-9387
	정오순	36013 경상북도 영주시 순흥면 소백로 2869-5 (청구리 649)	010-5352-2780
	조태영	36085 경상북도 영주시 중앙로98번길 16 (하망동 364-70)	010-3522-1621
	최예환	36066 경상북도 영주시 원당로225번길 67 (상망동 834) 코아루아파트 101동 1003호	010-3525-6031
	최정린	36122 경상북도 영주시 지천로123번길 12 (가흥동 1470-20)	010-6310-1429
8기	권경자	36132 경상북도 영주시 지천로 46 (휴천동 456) 현대아파트 111동 1303호	010-5232-0368
	조경영	36079 경상북도 영주시 선비로 253-1 (영주2동 485-10)	010-4530-2389

《영주문예대학》 수강 신청 안내

문학인 양성과 저변 확대를 위한 도립영주공공도서관 부설 《영주문예대학》 수강생을 아래와 같이 모집합니다.

- 강 좌 명 : 문예창작 일반(평생학습 교육과정)
- 교육 과정 : 1년 과정
- 장 소 : 도립영주공공도서관 2층 문화강의실
- 강의 내용
  - ▶ 운문 전반 : 강사 〈**박영교** – 시인 · 한국문인협회 이사(전)〉
    (시, 시조, 동시, 가사문학, 현대시 이해와 작법 등)
  - ▶ 산문 전반 : 강사 〈**김범선** – 소설가 · 한국소설가협회 중앙위원〉
    (수필문, 논술문, 논설문, 수기문, 기행문, 기사문, 서간문, 연설문, 동화 작법, 소설 작법 등)
  - ▶ 문예대학 총무처장 : 〈**김점순** – 시인 · 영주문예대학 총괄〉
    ※ 《영주문예대학》에서 수강하신 분들은 본인의 소질과 의견을 수렴하여 문인으로 등단, 문예지에 작품 발표 등 적극 지원을 해드립니다.

- 모집 인원 : 약간 명(인원 초과 시 접수 순서에 의함)
- 접수 기간 : 매년 3월 1일부터~(원하시는 분은 수시로 접수됨)
- 개 강 일 : 매년 4월 첫 주 목요일 19시
- 접 수 처 : 도립영주공공도서관 2층 사무실
- 접수 문의 : TEL : 054)631-8140
  H.P : 010-3824-5586 / 010-7540-6290 / 010-3546-9322

도립영주공공도서관 《영주문예대학》

편/집/후/기

▸▸ 머릿속에 나부끼던 일 년의 흔적이 한 편 한 편 아름답게 피었습니다. 인연 맺은 문우들의 한속 같은 사랑과 관심의 온기가 꽃향기 되어 날립니다. 그 꽃을 피우기 위해 양질의 자양분을 부여하신 박영교 선생님, 김범선 선생님 그리고 김점순 선생님께 감사드립니다. 그리고 문우 여러분 모두 수고 많으셨습니다. **가옥연**

▸▸ 귀에선 말 눈에선 글 군소리를 따내고 빗장뼈 세워 가며 4집 동인지 만들다가 선생님 고마움만 따로, 말줄임표로 넣는다. **김경미**

▸▸ 이번 4집은 스토리텔링 선집이다. 스토리텔링에 심혈을 쏟으신 두 분의 선생님의 노고가 빛을 발하는 순간이다. 영주스토리텔링공모전에 우리 문예대학에서 9분이나 입선하는 쾌거를 이룩했다. 이와 함께 많은 학생들의 반짝거리는 글들이 4집에 모여 있다. 편집을 마치면서 조용히 스며드는 행복감을 만끽한다. **문명숙**

▸▸ 그렇게 기다리던 단비가 내린다. 비록 넉넉한 양은 아니지만 모두의 마음들이 편안해진다. 거리에 노란 은행잎들이 하나둘 도로에 쌓이며 한 해가 저물어 갈 즈음, 어김없이 2015년도 『영주문예대학』 4집이 우리에게 다가온다. 한 해의 결실을 위해 소중한 땀과 노력을 함께한 선생님과 모든 문우님께 진심으로 가슴 깊이 감사의 인사를 드린다. **박근식**

▸▸ 새 학기 개강이 어제 같은데 벌써 1년을 마무리하는 문집을 발간하게 되었습니다. 벚꽃 흩날리던 강둑을 따라 걸으며 시심에 젖던 시간이 향기로 다시 살아 떠오르고 학우들과 낙엽을 밟으며 시상을 나누던 즐거운 시간들이 주마등으로 지나갑니다. 열과 성으로 강의하시며 이끄신 두 분 선생님께 이 자리를 빌려 감사의 마음을 전합니다. **최예환**

▸▸ 잡아두고 싶었던 아름다운 계절이 한바탕 요란한 잔치를 벌이고 서둘러 떠나간다. 따가운 햇볕을 맘껏 받은 튼실한 알곡들은 농부의 마음을 부풀게 하고 차곡차곡 곳간에 쌓여만 간다. 심성 고운 문우님들이 영혼의 깊은 곳에서 끌어올린 맑은 단어를 수없이 매만져 얻은 귀중한 작품들을 동인지 4집에 싣게 되어 기쁘기 그지없다. 변함없는 열정으로 이끌어 주신 세 분의 선생님과 문우님께 감사드립니다. **하만욱**

▸▸ 인문도시 영주 발전에 직접적인 부가가치를 창출할 수 있는 스토리텔링이라는 시대적 요구인 문학과 예술의 꿈이 영주문예대학에서 성장하여 저력을 발휘함에 뿌듯한 긍지를 느낀다. 1기에서 8기까지 혼신의 힘을 다해 영주문예대학을 키워 오신 박영교, 김범선 선생님의 노고와 문학 사랑이 이루어낸 결실이 풍성하다. **한계순**

영주문예대학 2015 vol.4 —스토리텔링 선집

영주문예대학 동인회

인쇄 1판 1쇄 2015년 12월 10일
발행 1판 1쇄 2015년 12월 17일

지 은 이 : 영주문예대학 동인회
펴 낸 이 : 김천우
펴 낸 곳 : 도서출판 천우
등 록 : 1992. 2. 15. 제1-1307호
주 소 : 서울시 성동구 무학봉28길 6 금용빌딩 2F
전 화 : 02)2298-7661
팩 스 : 02)2298-7665
http://www.moonhaknet.com
E-mail : chunwo@hanmail.net

값 10,000원

ISBN 978-89-7954-617-0

이 도서의 국립중앙도서관 출판예정도서목록(CIP)은 서지정보유통지원시스템 홈페이지(http://seoji.nl.go.kr)와 국가자료공동목록시스템(http://www.nl.go.kr/kolisnet)에서 이용하실 수 있습니다. (CIP제어번호: CIP2015033372)